मन के वातायन से

मन के वातायन से

डॉ. मृदुला झा

लक्की इंटरनेशनल

नई दिल्ली-80

प्रथम संस्करण : बसन्त पंचमी 2016

आई एस बी एन 978-93-83514-16-8

मूल्य : 250/

लेजर तथा पुस्तक सज्जा

नई दिल्ली

आवरण : चैतन्य चन्दन

प्रकाशक

लक्की इंटरनेशनल

एच-16/1920, संगम विहार,

नई दिल्ली 80 (इंडिया)

e-mail: luckybk05@yahoo.co.in,

Phone: 07838260289

समर्पण

प्यारी अप्पु को सप्रेम

जिसकी किलकारी से अबतक
गुंजित है घर-आंगन अपना
अपनी मेहनत के बल पर
करेगी सच दादी का सपना

मृदुला
(दादी)

विषय-सूची

तुम गीत लिखो, मैं स्वर दूँ

यह कहना आवश्यक नहीं कि गीत केवल लोकजीवन, लोकसंस्कृति और लोकभाषा तक ही सीमित है। हाँ यह सच है कि इसमें लोकसंस्कृति की मिठास रहती है। कारण है लोकहृदय से इसका सीधा संबंध। प्राचीन में श्रमगीत और समूह गीत के माध्यम से इसने अपनी यात्रा का आरंभ किया। धीरे-धीरे विकास की ऊँचाइयों की ओर बढते हुए राष्ट्रीय भावनाओं पर आधारित अपने विरोध की भावना निर्मित की। खेतिहर एवं दासस्वामित्व वाले समाज को शहरी साहित्यिक समाज में रूपांतरित किया। जीवन के लगभग सभी पहलूओं को प्रत्यक्ष रूप से प्रभावित करने के लिए त्वरित गति से अपनी कथ्यसंवेदना को विकसित किया। वैचारिक विविधता के बाद भी इसके भीतर शिल्प और छंद की अनिवार्यता बनी रही। जीवन से असंपृक्त स्थापनाएँ, बाज़ारवाद की अंधी गली में समाज के पहुँच जाने, पाखंडपूर्ण पर्दे के पीछे की राजनीति के विरोध के बावजूद भी अपनी शिल्पगत स्थापनाओं के साथ कोई समझौता नहीं किया। एकात्मकता से टूट जाने की भूल नहीं हुई। एकात्मकता का अर्थ एक ही बिन्दु को देखते रहने या उसे उद्घाटित करने का कार्य। यानि कथ्य में एक ही भाव का विस्तार।

आधुनिकता की लहर और कृत्रिम विकास के इस दौर मे गीत को बचाए रखना एक उदाहरण है। इस उदाहरण की कसौटी पर डॉ. मृदुला झा के गीतों को कसकर गीत के विकास की मंजिल के रूप

में देखा जाना चाहिए। इनके गीतों में मनुष्य के मनोवेगों के मात्र स्वप्नचित्र ही नहीं घात-प्रतिघात से जूझता जीवन का सच भी है। हम इसे मानववादी प्रवृति भी कह सकते हैं। इनके गीतों में वर्तमान और भविष्य, यथार्थ के साथ-साथ छायावादी अतिसूक्ष्मता की प्रतिक्रिया भी है जो रहस्यात्मक भावनाओं की ओर आकर्षित करती है। यह विशेष महत्व की बात है। लेकिन कुल मिलाकर देखा जाए तो जीवन की पूर्ण यथार्थवादी झंकृति ही अधिक है क्योंकि यह युग पूर्ण भौतिकवादी है, जो अतिकाल्पनिकता को दोष मानता है और अति भावुकतापूर्ण व्यक्तिवादिता को अक्षम्य अपराध। साहित्य को हम इससे अलग करके नहीं देख सकते। रोमानी हल्की-फुल्की मनःस्थितियों के चित्रण से जीवनयथार्थ की आसक्ति खंडित नहीं होती। एक और बात इनके गीतों में वेदनानुभूति की अभिव्यक्ति तो हुई है, परन्तु ये निराशा और वेदना से इतने नहीं दबे कि इनका सहज, स्वाभाविक आस्थावादी स्वर टूट जाए। गीतों का वेदनावादी स्वर प्रयोगवादियों की भांति है जिसे हम साहित्यिक उपलब्धि के रूप में देख सकते हैं....

भूल गई पर भूल न पाई
जीवन के वे सांझ-सकारे
रहते थे हमसब मिल-जुलकर
चमक उठे थे भाग्य हमारे

यह गीत छायावाद ओर यथार्थवाद के बीच की शैली में लिखा गया है। एक ओर जहां डॉ. मृदुला झा के भोगे हुए यथार्थ का दुख है वहीं दूसरी ओर उनका अपना यथार्थ भी है.. सामाजिक चेतना से सम्पन्न। कहने में जो सादगी है, वह बेहद अर्थपूर्ण है और यही इनकी ताकत भी है। उपरोक्त पंक्तियाँ उम्मीदों को एक नया जीवन और नई रोशनी का बोध करवाती हैं। यह सच है गीत सिर्फ शब्दों से नहीं, अनुभूति और विचारों से लिखा जाता है। डॉ. मृदुला झा के गीतों में अनुभूति और विचार दोनों मौजूद हैं।

शब्द-सौन्दर्य, कल्पना-सौन्दर्य और भाव-सौन्दर्य गीत के आवश्यक तत्व हैं। ये तीनों तत्व हमारे मन को सुखद रचनात्मक अनुभूति से भर देते हैं। यह सृजनात्मक कुशलता की कसौटी है। डॉ. मृदुला झा की एक और विशेषता है कि छोटे से छंद में भी बड़ी से बड़ी बात कह देती हैं। मिसाल के तौर पर.....

मन के वातायन से
झाँकता अतीत में
होठों पर उग आए
सपनों के गीत में
याद आता है मुझको अपना वह गाँव

पिछले कई दशकों से हमारा गाँव बेतहाशा आर्थिक संकट से जूझ रहा है। रोजी-रोटी की तलाश में लोग गाँवों से पलायन कर शहर आ रहे हैं। कई तो ऐसे भी परिवार हैं जिन्होंने सदा-सदा के लिए गाँव से नाता तोड़ लिया है। गाँव के नाम पर उनके भीतर सिर्फ गाँव की स्मृतियाँ ही बची हैं। उन्हीं स्मृतियों की टीस उपरोक्त पंक्तियों में उभरकर सामने आई है। इससे सहज ही अनुमान लगाया जा सकता है, डॉ. मृदुला झा अपनी स्मृतियों के झरोखे से कुछ दर्द निकालकर पाठकों के साथ शेयर करना चाहती हैं। जिस विस्थापन के दर्द को इन्होंने महसूस किया, उन्हें काव्याभिव्यक्ति देने के लिए छटपटा उठीं। इसे भोगा हुआ दर्द का सशक्त स्वर भी कह सकते हैं। इस प्रकार डॉ. मृदुला झा का यथार्थवाद निषेधात्मक मनोवृति आधारित न होकर विधेयात्मक है।

अब मैं इस संग्रह के कुछ ऐसे गीतों का जिक्र करना चाहता हूँ जिनका संबंध आज के जीवन की समस्याओं से है। इस घोर भौतिकवादी युग में आसन्न विनाश की विभीषिका आँखों के सामने है। भावनात्मक मूल्यों में दिनोंदिन गिरावट आ रही है। विज्ञान क्रूर होकर विनाश की ओर बढ़ रहा है। ऐसी परिस्थिति में डॉ. मृदुला झा के गीत

आदमी की अंतर्निहित आत्मिक शक्तियों को उसके आचरण के नैतिक कारकों को उद्घाटित करने में सहायक बनते हैं।

आज के हिन्दी साहित्य में समाजवादी जीवन–पद्धति उतरोत्तर पूर्ण अभिव्यक्ति पा रही है। इसी कड़ी में गीतों में भी यथार्थ के जो क्षितिज उद्घाटित हुए हैं, वे अत्यंत व्यापक हैं। डॉ. मृदुला झा के गीतों में आदमी की आत्मिक गहराइयाँ और उसकी अंतर्निहित नैतिक शक्ति प्रकट होती है....

श्रम साध्य जीवन जी रहा
असहाय कैसे हो गया
कृशकाय ममता सोचती
यह हाय कैसे हो गया
उत्कर्ष का संकल्प था
मन में सफलता की लगन
प्रगति के इस कार्य में
व्यवधान कैसे हो गया....

कहने की आवश्यकता नहीं कि डॉ. मृदुला झा के गीतों को समाजशास्त्र से अलग करके देखा जाए। लोकिन जो सबसे महत्वपूर्ण है, वह है उनका अपना आदर्श जो वैचारिक कारकों से विभाजित नहीं होता। परस्पर सन्निकटन में सहायक बनता है। अपनी वैचारिक शक्तियों को दूसरी शक्तियों के विरोध में खड़ा करना नहीं चाहती हैं डॉ. मृदुला झा, अपितु उनका एकीकरण करना चाहती हैं। समय के गंभीर प्रश्नों के समाधान में जब वह कहती हैं "उत्कर्ष का संकल्प था असहाय कैसे हो गया" सौद्देश्य सामूहिक संकेतों के साथ भाषा और बिम्ब वैविध्य का बोध होता है। चेतनाप्रवाह, मुक्तसाहचर्य, कल्पना आदि नए शैल्पिक रूप भी उपरोक्त पंक्तियों मं प्रयुक्त हुए हैं। अहं का स्वर प्रबल नहीं है, सामूहिक संचेतना के, समवाय के दायित्व तथा सामूहिक शक्ति का अहसास इन्हें आस्थावादी और आशावादी

बना देता है। यह तथ्य भी गौरतलब है कि इनपर आयातित छद्म जनवाद के प्रभाव की नकल का आरोप नहीं लगाया जा सकता। इनके सारे गीत जीवनानुभव एवं यथार्थ स्थितियों की सहजता के साथ जुड़े हैं।

डॉ. मृदुला झा के गीतों के संदर्भ में कुछ अन्य तथ्यों का भी उल्लेख किया जा सकता है.. प्रेम के बिन्दु पर गीतों का विषय, जो प्रेम की अलग भावदशाएँ तथा अपनी ताजगी के कारण लक्षणीय है जिसमें कलापक्ष और भावपक्ष का उत्कर्षपूर्ण विकास मिलता है। कलात्मक गहराई और अकल्पित विस्तृति भी....

मैं समझ पाती नहीं
तुम दूर हो या पास
कभी लगते दूर तुम
लगते कभी तुम पास
विरह के सूने शिशिर में
ज्यों मधुर मधुमास

इस विरह वर्णन में एक आकर्षक नई शैली की अवतारणा मिलती है। प्रतीकों के माध्यम से अपनी वैयक्तिक भावनाएँ व्यक्त की गई हैं। प्रेम और विरह के बीच भावों की सूक्ष्मता और दर्शन तो है ही साथ ही एक रहस्य भी है अराध्य के होने और न होने का। प्रियतम के अभाव या अनुपस्थिति में ही विरह-व्यथा जगती है और जब विरह विदग्ध आत्मा की व्यथा गंभीर हो जाती है तो उसे निखिल प्रकृति में असकी प्रतिच्छाया दिखलाई पड़ने लगती है। उपरोक्त पंक्तियों में यह प्रभाव परिलक्षित होता है। लौकिक और अलौकिक दोनों प्रकार के भाव इस गीत में सन्निहित हैं। डॉ. हजारी प्रसाद द्विवेदी जी का कहना है "समाज में जो कुछ सर्वोत्तम है, वह साहित्य है। साहित्य जहाँ मानव-जीवन के अभावों की पूर्ति है, वहीं वह उदासीन क्षणों को पुलकित और दिग्भ्रमित प्राणों को दिशा-निर्देश करने वाला होता है।

इसलिए साहित्य का महत्व युगीन नहीं, शाश्वतकालीन हुआ करता है।''

निष्कर्ष रूप में कहा जा सकता है कि डॉ. मृदुला झा के गीतों में साधारणीकरण की प्रक्रिया कवि से पाठक के तादात्म्य की एक महत्वपूर्ण पहल है तब कवि का अनुभव स्वकेंद्रित न रहकर आम आदमी से जुड़ जाता है। डॉ. मृदुला झा के गीत, काव्य-प्रक्रिया के इन्हीं तथ्यों को स्वीकार कर चलते हैं। जिसमें बौद्धिक मुठभेड़ की बिल्कुल गुंजाइश नहीं रह जाती है। गीतों का स्थापत्य सहज, सरल और सूक्ष्म है। गीतों में शब्द चित्र उकेरने का जो प्रयास हुआ है उससे इनके सघन अनुभव का पता चलता है। भाषा में बोलचाल के ऐसे शब्द और वाक्यांश मिलते हैं जो न बनावटी ढंग से लाए गए या न कहीं से आरोपित प्रतीत होते हैं। सर्वत्र एक व्यापक जीवन-दृष्टि तथा भाव-बोध लक्षित होता है।

अनिरूद्ध सिन्हा
गुलज़ार पोखर, मुगेर
बिहार 811201

‘मन के वातायान से’ कृति में प्रतिबिम्बित सराबोर मन

साहित्य साधिका डॉ. मृदुला जी की नवीनतम कृति ‘मन के वातायन से’ के गीतों से गुजरते हुए ऐसा आभास अुआ कि गीत न पुरातन होता है, न अधुनातन होता है, गीत मात्र सनातन होता है, जिसकी उत्पत्ति ‘शब्द’ से स्वीकृत की जाती है और गेयता गीत का अभिन्न गुण है। शब्द के अतिरिक्त गीत को अर्थ की भी आवश्यकता होती है। स्वर एवं राग के अनुकूल प्रत्येक सार्थक शब्द गीत के लिए योग्य एवं उपयोगी होते हैं। गीत की मूल आत्मा उसके गेय तत्व ही होते हैं, यथा आत्माभिव्यक्ति के साथ गीत के अपेक्षित तत्व माधुर्य, जीवन्तता, मानवीयता, समरसता और संवदेना हैं।

बिहार शिक्षा सेवा की पूर्व प्राचार्या डॉ. मृदुला झा ने विपुल साहित्य की सृष्टि की है, जिनमें ‘मेघा तुम उनसे जाकर कहना’, ‘प्रतीक्षा’, ‘हथेली पर कविता’ और ‘त्रिभंगिमा’ आदि काव्य संग्रह और काव्य हैं, ‘सतरंगी यादों का कारवाँ’ ग़ज़ल संग्रह तथा ‘मन के वातायन से’ गीत संग्रह है। इस प्रथम गीत-संग्रह में मात्र विशुद्ध गीतों का ही समावेश है, जो संघर्ष युक्त स्वाभिमानी जीवन का संदेश देते हुए नैतिक मूल्यों को बनाए रखने का मौन निमंत्रण दे रहे हैं।

गीतकार मृदुला जी के अंत:करण में अपनी पौत्री के प्रति असीम स्नेह और विश्वास है, जिसे ग्रंथ के समर्पण में देखा जा सकता है:

जिसकी किलकारी से अब तक
गुंजित है घर-आंगन अपना
अपनी मेहनत के बल पर
करेगी सच दादी का सपना

उपर्युक्त पंक्तियों के माध्यम से कवयित्री ने प्यारी अप्पु के बचपन की स्मृतियों को तो संजोया है, साथ ही परिश्रम के बल पर दादी के सपनों को साकार करने का मधुर आदेश भी दे दिया।

प्रकृति के समान्तर समाज और उसके उहापोह भी रचनाकार की लेखनी को प्रेरित करते हैं। यही कारण है कि उनकी दृष्टि अपने इर्द-गिर्द भी रहती है। 'गणेश-वंदना' से गीतों का प्रारंभ करके 'कवि का भ्रम' तक कुल पचासी गीतों के इस संग्रह को लिखकर कृतिकार ने साहित्य जगत् रूपी गागर में सागर भर दिया है। प्रकृति, नारी, प्रेम, अध्यात्म, नव वर्ष, मानवता, राष्ट्रीयता, जीने की कला, परिश्रम की शक्ति, जननायक, कवि दिनकर, राजेन्द्र जी के प्रति आदि अपने परिप्रेक्ष्य से प्राप्य विषयों पर लिखकर कवयित्री ने अपनी लेखनी को गौरवान्वित किया है।

प्रस्तुत संग्रह के गीतों की विशेष पहचान उसकी आत्मीयता है, सचमुच गीत जीवन का सहचर है और गीतकार जीवन की लय से जुड़ा साहित्यकार। मृदुला जी के इन गीतों में सहजता के दर्शन होने के साथ अहं का विसर्जन भी दृष्टिगत होता है:

दग्ध हृदय के सुर से निकले
जीवन के संदर्भ सभी
आकर देखो आज नयन भर
जग की रीत सुनाती हूँ
ओ मन मीत सुनो जीवन का
अभिनव गीत सुनाती हूँ

जीवन के प्रति मृदुला जी का दृष्टिकोण समन्वयवादी है, एक कवि और साहित्यकार होने के नाते उनके गीतों में सत्यता की जो आभा विद्यमान है- वह दर्शनीय है। यथा:

इनकी कार्य कुशलता ने
गाँधी को आश्वस्त किया
चंपारण के सत्याग्रह में
गाँधी जी का साथ दिया

यहाँ यह बताना योग्य होगा कि सुप्रसिद्ध साहित्यकार और विशिष्ट गीतकार मधुकर गौड़ का मानना है- "गीत सत्य है, सत्य ही गीत है, सत्य की कभी मृत्यु नहीं होती, झूठ बार-बार पैदा होता है और बार-बार मरता है"।

संस्कृति की रक्षक नदियों के प्रति समूचा भारतीय समाज नतमस्तक है; हरियाली, अन्न-जल प्रदान करने वाली 'नदियों को अविरल बहने दो' की शुभ सलाह देती है कवयित्री।

नदियों के अविरल बहने दो
है संस्कृति की रक्षक नदियाँ
इसको कभी नहीं भूलो
करती हैं ये तृप्त धरा को
इनको अविकल बहने दो
नदियों को अविरल बहने दो

जीवन साथी से मीठी शिकायत प्रकृति के माध्यम से प्रस्तुत है एक उदाहरण:

सोचा था हम दोनों मिलकर
जग में खुशियाँ बाँटेंगे
बीच राह में तुम तो मेरी
आँख बचाकर चले गए

तुमसे ही शोभित रहती थी
हरी-भरी बगिया मेरी
और अचानक इस बगिया से
गंध चुराकर चले गए

कवयित्री का एकांत और गोपनीय प्रेम गीत-संग्रह के कई अन्य गीतों में भी उभर कर पाठक के समक्ष आए हैं। राष्ट्रीयता और देशभक्ति भी कवयित्री का रुचिकर एवं समानान्तर वर्ण्य विषय रहा है, तभी तो विविधता में भी एकता की बात करती हैं, वीरों एवं संतों की भूमि बताते हुए इसकी महानता को स्वाभिमान से दर्शाती है:

है उदार संस्कृति इसकी
सब पर यह प्यार लुटाता है
दुश्मन को भी गले लगाता
चाहे जो भी हो परिणाम
अलग-अलग है भाषा इसकी
अलग-अलग इसके परिधान
फिर भी हम सब मिलकर कहते
मेरा भारत देश महान

स्वतंत्रता प्राप्ति के पश्चात् जीवन के प्रत्येक क्षेत्र में रुढ़ियों के त्याग की लालसा बलवती हुई। स्वतंत्रता के आलोक में साहित्यकारों ने भी साहित्य को रुढ़ियों से मुक्त कराने का निर्णय लिया, कवि सुमित्रानंदन पंत की लेखनी बोल उठी:

खुल गए छंद के बंध, प्रास के रजत पाश;
अब गीत मुक्त औ युगवाणी बहती अयास।

काल परिवर्तन के साथ-साथ काव्य में नूतनता प्रवेश करने लगी, पहले कवि छन्द पर आश्रित था, अब छन्द कवि के आश्रित हो गए। शनैः शनैः कविता में छन्दों का पुनरावर्तन शुरु हुआ, इस

एतिहासिक घटना का स्वागत साहित्य जगत में होने लगा और कवियों की लेखनी गीत की ओर भी चल पड़ी, कवयित्री मृदुला जी भी मूल्यों की रक्षा हेतु कह उठती है:

गुरुजन का आदर होता है
मात-पिता भगवान कहाते
लक्ष्मी है हर घर की बेटी
करिये इस पर गौर
अब चलें गाँव की ओर

यहाँ यह कहना सार्थक होगा कि अनादिकाल से काव्य और गीत का घनिष्ठ संबंध है, वैदिक युग में शब्द और स्वर का अभिनत्व था, सामवेद की ऋचाएँ शब्द और स्वर की समवेत परम्परा के श्रेष्ठ उदाहरण हैं।

अपने सूनेपन के निवारण एवं विशेष ऊर्जा की प्राप्ति हेतु इन गीतों की उपयोगिता सदा बनी रहेगी, कवयित्री के विशेष शक्ति के आधार भी हैं ये गीत। प्रस्तुत है कुछ पंक्तियाँ:

क्यों अकेले जा रहे हो
साथ मेरे चलके देखो
जो कँटीली राह तेरे
पाँव में काँटे चुभोये
काट डालेंगे उसे हम
आजमा कर तुम तो देखो

सचमुच मानव-मन के निजी भाषाभिव्यक्ति का माध्यम गीत ही है, अवलोकनीय है:

जब-जब देखूँ मन दर्पण मैं
दर्पण में तुम ही तुम दिखते हो
तेरी असह जुदाई ने तो
मुझको पागल बना दिया

ऐसा ही अंग्रजी के प्रसिद्ध रुमानी कवि पी. बी. शैल ने अपने गीत ode to skypark में कहा है:

मन की व्यथा व्यक्त करते जो,
वही गीत मृदुतम होते हैं।

'मन के वातायन से' गीत-संग्रह में गीतकार मृदुला जी ने हमें 'जीने की कला' का आभास भी कुछ प्रेरक पंक्तियों द्वारा करवाया है। यथा:

अपने कर्मो की खुशबू से
लाओ जीवन में नव उजास
मिल जायेंगे आकाश कुसुम
छायेगा मन में नव हुलास

कविता के लिए व्यापक जीवन बोध के साथ संवेदनशीलता का होना भी अनिवार्य समझा जाता है 'रूप कुवर की हाट सजी है' काव्य की संवेदनात्मक पंक्तियाँ निहारने जैसी है:

वहाँ न जाओ इसे न बोलो
कहती है महतारी
दादी और पिताजी तो हैं
वर्जन के अधिकारी
वह क्या सोचे, वह क्या चाहे
है कोई नहीं पुछारी

कृतिकार को मातृशक्ति पर स्वाभिमान है, वह अज्ञानी,पराश्रयी नहीं बनना चाहती। अपने इस स्वाभिमान के बल पर आज की नारी से अपनी शक्ति और भुजबल को पहचानने का दिव्य आदेश भी देती है:

बाधाओं से जो लड़कर
अपनी मंजिल पा लेती है
वह मातृशक्ति ही इस जग में
दुर्गा काली कहलाती है

मानव जीवन की महत्ता का स्पष्टीकरण कवयित्री ने बड़े ही सुन्दर और प्रेरक शब्दों में किया है:

कठिन तपस्या के बल पर ही
हमने पाया है यह मानव तन
फिर क्यों इसको व्यर्थ गँवायें
यही सोच बढ़ती दुनियाँ

सृष्टि के नियामक एवं प्रलय के पारखी से प्यार की गंगा प्रवाहित कर जीवन पथ को सहज बनाने की प्रार्थना:

जिन्दगी के गणित में ही
उलझकर सब रह गये हैं
दूर कर इन उलझनों को
पथ कोई असान कर दो

जिन्दगी में सकारात्मक एवं नकारात्मक दोनों पक्ष हैं, परन्तु हमें आशावादी बनना योग्य होगा, प्रगतिपथ पर चलते रहने का नाम ही जीवन है। जीवन को दूभर न बनाकर सुलभ बनाने का संदेश है इन पंक्तियों में:

शबेगम के आगोश में क्यों पड़े हो
सफलता की मंजिल तुम्हें ढूंढ़ती है
शमा की तरह क्यों जले जा रहे हो
सुनहली सुबह भी तुम्हें ढूंढ़ती है

नूतन वर्ष की शुभ घड़ी में कवयित्री नैतिकता जैसा परिप्रेक्ष्य लेकर आपस में भाई-चारा बनाये रखने की बात की है:

भ्रष्टाचार मिटे अग-जग से
सब जन निर्भय हो विचरें
हो खुशहाल सभी का जीवन
नव वर्ष तुम्हारा अभिनन्दन

मातृभूमि की रक्षा हेतु भारत माँ के चरणों में प्राण न्योछावर करने को तैयार उन वीर सपूतों को सादर वंदन करते हुए रचयिता के उद्गार:

थी नहीं परवाह जिनको
नाम यश सम्मान की
जान की बाजी लगाकर
राष्ट्रहित जो बलि चढ़े
वन्दना उनकी करूँ जो
राष्ट्रहित तिल-तिल जले

कृति में कवयित्री का वैशिष्ट्य प्रकट हुआ है, साथ ही उनकी साहित्यिक यात्राओं का प्रभाव भी यत्र-तत्र प्रतिबिम्बित हो रहा है। कविताओं में मातृभाषा के शब्द यथा आला, अंगिया, सिये, मिहनत, अन्हार, महतारी, बबुआ, कतहू, निगोरी, भादव, चिड़ैया, उदेश आदि बिखरे पड़े हैं, जो भाषा के प्रति उनके नेह को दर्शाते हैं। हिन्दी साहित्य जगत में इस गीत-संग्रह का भरपूर स्वागत होगा। सरल और सुबोध भाषा में रचित मृदुला जी के ये गीत आगे बढ़ने को प्रेरित करेंगे। निष्कर्षत: यह कहना पर्याप्त होगा:

जहाँ मन रम जाए
भावना जागृत हो;
मन को उद्वेलित कर दे-
वहीं 'मन के वातायन से'
'गीत' की सृष्टि हो जाती है।

अनेकानेक शुभ कामनाओं सहित

प्रो. मालती दुबे
पूर्व संकायाध्यक्ष, गुजरात विद्यापीठ,
अहमदाबाद
संयुक्त मंत्री- हिन्दी साहित्य परिषद्,
अहमदाबाद

मेरी गीत यात्रा

वर्षों से मेरे मन में बार-बार एक ही प्रश्न उठता था कि मेरी साहित्यिक यात्रा काव्य लेखन से ही क्यों प्रारम्भ हुई, जबकि मेरे आस-पास अनगिनत कहानी के पात्र, परिवेश, परिस्थिति, कथ्य उपलब्ध थे और मैं कहानी लिख भी सकती थी।

आज जब मैंने अपने मन के वातायन से अपने बचपन के पारिवारिक परिवेश पर दृष्टिपात करने की चेष्टा की तो पाया कि मेरा जन्म संगीतमय वातावरण में हुआ। पिता पंडित फिरंगी पाठक अनेक शास्त्रों के ज्ञाता और कथावाचक थे। वे स्वभाव से शान्त, गंभीर एवं सांसारिक मोह-माया से निर्लिप्त थे। अवढ़रदानी भगवान आशुतोष उनके आराध्य थे।

मेरे घर में गुरू परम्परा थी। बिहार के अधिकांश जिलों में पिताजी के शिष्य थे। उनका अधिकांश समय शिष्यों के यहाँ श्रीमद् भागवत गीता, हरिवंश पुराण, शिवपुराण की व्याख्या में ही व्यतीत होता था। अपने गाँव से लेकर शिष्यों के यहाँ उनकी बड़ी प्रतिष्ठा थी। मेरी माँ श्रीमती भानुमती पाठक को माँ सरस्वती ने प्रज्ञा सम्पन्न बनाकर ही धरती पर भेजा था, ताकि अपने अलौकिक गुणों से वे मानव का कल्याण कर सकें। माँ जब कभी गीत गोविन्द, विद्यापति के गीत या मानस की चौपाइयों को सरस्वर गातीं थीं तो सुनने वाले मंत्रमुग्ध रह जाते थे। यद्यपि उन्होंने विद्यालय जाकर औपचारिक शिक्षा नहीं पाई थी,

लेकिन पिताजी के सान्निध्य में रहकर उन्होंने वेदों, उपनिषदों एवं पुराणों का अध्ययन कर यथेष्ट ज्ञान अर्जित कर लिया था।

मेरे घर का माहौल आध्यात्मिक एवं भक्तिमय था। ऐसे पवित्र वातावरण में माता-पिता की तीसरी संतान के रूप में मेरा जन्म हुआ। इस तरह कहा जा सकता है कि मैंने कविता को माँ के गर्भ में ही जीया है। जब वे ब्रह्ममुहूर्त्त में प्रातकाली गातीं तो आस-पास का वातावरण भक्तिमय एवं दार्शनिक हो उठता था। यह सब मेरे नन्हें मानस पटल पर भी अंकित हो रहा था। शायद इसलिए जब मैंने होश सम्भाला तो संगीत मेरे मन-मस्तिष्क में रचा बसा था। मैं दूसरी कक्षा से ही अपनी हिन्दी की पुस्तक की कविताएँ कंठाग्र कर सस्वर गाने लगी थी, मेरी सुषुप्त चेतना में शायद यह अंकित होती गयी। इसका प्रतिफल हुआ कि मैं अपनी दीदी, भैया को कविता में ही पत्र लिखने लगी, इसे पढ़कर सहसा किसी को विश्वास नहीं होता था कि यह मेरा ही लिखा काव्यमय पत्र है।

महान दार्शनिक श्री अरविन्द ने कविता की परिभाषा कुछ यूँ लिखी है- "कविता की उत्पत्ति मंत्र से हुई है।"

ईशोपनिषद के आठवें मंत्र के अनुसार कवि बन कर परमात्मा सृष्टि-काव्य की रचना करता है, जहाँ पेड़-पौधे, पर्वत-पहाड़, झील-झड़ने, पशु-पक्षी से लेकर मानव एक-एक कविता है। मानव रचित कविताएँ सृष्टि का भावान्तरण एवं प्रतिसंवेदन हैं। इसलिए अग्निपुराण में कहा गया है-

"अपारे काव्य संसारे कविरेक: प्रजापति
यथास्मै रोचते विश्व तथास्मै परिवर्तत्ते।"

इससे स्पष्ट है कि प्रत्येक व्यक्ति में एक कवि छिपा होता है। जो साधना करता है, वह इस अमूल्य सृजन गुण को प्राप्त करता है और साहित्य जगत में ख्याति अर्जित करता है। दूसरी बात यह कि व्यक्ति

जिस परिवेश में जन्म लेता है, उसका प्रभाव उसके व्यक्तित्व निर्माण पर पड़ता है। ऐसा लगता है मुझे भी यह गुण अपने पारिवारिक परिवेश से प्राप्त हुआ है।

मेरी प्रथम काव्य पुस्तक 'मेघा तुम उनसे जाकर कहना' वर्ष 2003 में प्रकाशित हुई, इसलिए लोग यह मानते हैं कि मेरी साहित्यिक उम्र मात्र 10-12 वर्षों की है। लेकिन यह सर्व विदित है कि कोई व्यक्ति रातों-रात इतने विपुल साहित्य की रचना नहीं कर सकता। उसके लिए वर्षों तपस्या की आवश्यकता है।

मेरी साहित्यिक यात्रा का पहला पड़ाव भी मेरी वर्षों की तपस्या का फल है और धीरे-धीरे यह मेरा जुनून बन गया। इस कार्य में मेरे पति स्व. अशर्फी झा भा. व. सेवा, पुत्र, पुत्रवधू रत्नेश और रंजना एवं पौत्री आयुष्मती मेखला एवं अपूर्वा का पूर्ण सहयोग मुझे मिलता है, यही कारण है कि अबतक मेरी चार काव्य पुस्तकें, एक ग़ज़ल संग्रह- "सतरंगी यादों का कारवां" प्रकाशित हो चुका है यह छठा गीत संग्रह, 'मन के वातायन से' आप लोगों की सेवा में अर्पित कर रही हूँ।

इसके अतिरिक्त मेरे तीन कहानी संग्रह- बुधुआ का सपना, झुमकी की उड़ान एवं इक्कीस कहानियाँ, एक यात्रा प्रसंग- "अनुभूतियों के इन्द्रधनुष", उपन्यास- 'विपथगा' तथा एक साक्षात्कार संकलन- 'इक्कीसवीं सदी में साहित्य, संस्कृति एवं समाज' भी साहित्य जगत में अपनी पहचान बना चुके हैं।

पूर्व में प्रकाशित मेरे काव्य संग्रहों में छन्दबद्ध, मुक्तछन्द कविताओं, माहिया एवं हायकू के संकलन थे।

इसबार मैं अपनी ताजा रचनाओं से विविधवर्णी गीतों की एक सुन्दर माला "मन के वातायन से" आप सुधि पाठकों, विद्वान समालोचकों एवं साहित्य प्रमियों को समर्पित कर रही हूँ।

डॉ. मृदुला झा   27

मुझे पूर्ण विश्वास है कि मेरी अन्य काव्य पुस्तकों की तरह यह भी आपको पसंद आएगी। इसमें आप जीवन के विविध स्वादों का आस्वादन करेंगे। ये गीत आपको कभी हँसाएंगे, कभी आपके मन में राष्ट्रप्रेम एवं समर्पण की भावना जगाएंगे, तो कभी आपका ध्यान सामाजिक विषमताओं की ओर आकृष्ट कराएंगे। एक राज की बात बताऊँ! कभी ये आपको प्रेम के सागर में गोते भी लगवायंगे, चाहे वह माता-पिता के प्रति प्रेम हो या देश के प्रति, मित्र के प्रति या कि प्रेयषी के प्रति या फिर पर्यावरण के प्रति, क्योंकि हम सभी जानते हैं कि बिना प्रेम के मानव जीवन अधूरा है।

मुझे पूर्ण विश्वास है कि मेरी छठी काव्यकृति 'मन के वातायन से' को भी आपका भरपूर स्नेह और आशीर्वाद प्राप्त होगा, क्योंकि आपके आशीर्वाद से ही मेरी लेखनी को सतत गतिशील रहने की ऊर्जा प्राप्त होती है। इस गीत संग्रह के अधिकांश गीत देश की शीर्ष पत्रिकाओं में अपनी उपस्थिति दर्ज करा चुके हैं, साथ ही आकाशवाणी एवं दूरदर्शन में भी अपने जलवे बिखेर चुके हैं।

अन्त में इस संग्रह को प्रकाशन की अवस्था तक लाने में जिन साहित्यकार बन्धुओं, अभिभावकों, शुभेच्छुओं अग्रजों, अनुजों ने अपने बहुमूल्य सुझाव एवं सहयोग प्रदान किया है, उनके प्रति आभार प्रकट किये बिना वक्तव्य समाप्त करना घृष्टता होगी।

मैं सर्वप्रथम पिता तुल्य अभिभावक डॉ. शिववंश पाण्डेय- पूर्व निदेशक एवं अध्यक्ष राष्ट्रभाषा परिषद पटना, डॉ. कौशलेन्द्र पाण्डेय- ख्यातिलब्ध साहित्यकार एवं नाटककार लखनऊ के प्रति विनम्र आभार व्यक्त करना चाहूँगी, जिनके मार्ग दर्शन से मुझे ऊर्जा प्राप्त होती है। इसी कड़ी में डॉ. हरीशनवल, डॉ. स्नेहसुधा नवल-(दिल्ली), डॉ. बुद्धिनाथ मिश्र- गीतकार (देहरादून), मॉरीशस, श्रीलंका एवं हॉलैन्ड के साहित्यकार बन्धु-भगिनी, डॉ. दीनानाथ सिंह (आरा), विदुषी

स्नेहशीला मालती दूबे (अहमदाबाद), ख्यात आलोचक एवं ग़ज़लगो डॉ. अनिरूद्ध सिन्हा (मुगेर), ख्यात ग़ज़लकार एवं सम्पादक कौशिकी (खगड़िया) के अनुज कैलाश झा किंकर, ग़ज़ल की दुनियां में अपनी सशक्त उपस्थिति दर्ज कराने वाले अनुज सुशील साहिल गोड्डा (झारखंड), प्रगतिवार्ता के प्रधान सम्पादक श्री रामजनम मिश्र साहेबगंज (झारखंड), ख्यात ग़ज़लगो छन्दराज भाई, सुकंठी गीतकार शिवनन्दन सलिल, विजेता मुद्गलपुरी, यदुनन्दन झा द्विज (मुंगेर), उपन्यासकार एवं आलोचक डॉ. हरिश्चन्द्र शाक्य मैनपुरी (उ. प्र.), श्री संदीप सृजन- सम्पादक शब्द प्रवाह (उज्जैन), श्रीमती मिथिलेश सेंगर- सम्पादक्र नारीदर्पण (गुना), श्री अशोक अंजुम- सम्पादक अभिनव प्रयास (अलीगढ़), श्री नरेन्द्र सिंह-सम्पादक समय सुरभि अनन्त, श्री जनार्दन सिंह- सम्पादक मुक्त कथन एवं जुझारू पत्रकार अनुज प्रवीण प्रियदर्शी (बेगूसराय) के प्रति हृदय से आभार व्यक्त करती हूँ, साथ ही मैं अपने पुत्र रत्नेश झा, पुत्र वधु रंजना झा, पौत्री आयुष्मति मेखला झा एवं अपूर्वा झा (दिल्ली), नाती प्रेम प्रकाश गुंजन- सहायक, डी. आर. डी. ए. (मुंगेर) को हृदय से आशीर्वाद देती हूँ, जिनके सहयोग से यह पुस्तक आप तक पहुँचने योग्य बन पाई है।

अंत में मैं इस पुस्तक के प्रकाशक श्री विद्यापति शर्मा एवं डिजाइनर श्री चैतन्य चंदन (दिल्ली) को हृदय से धन्यवाद देती हूँ, जिन्होंने इस पुस्तक को वर्तमान रूप देने में अथक प्रयास किया।

आपके स्नेह एवं आशीष की आकांक्षिणी

मृदुला झा

गणेश वन्दना

नित बन्दौं गजबदन विनायक
सफल करें सब काज

रवि समान तेज बलशाली
गिरिजा सुत की चाल निराली
महिमा गाएं जिनकी सबजन
ध्यान लगाएं योगी नित दिन

सबकी बिगड़ी बनाई जिसने
बनकर जलधि जहाज

जो सुमिरैं नित ध्यान लगाई
जग में बड़ी सफलता पाई
बुद्धि सदन गुणधाम विनायक
बने सदा सबके प्रतिपालक

मैं भी आई शरण तिहारी
रख लो मेरी लाज

लम्बोदर पीताम्बर धारक
एक दंत गजबदन विनायक
गौरी सुत सुख–संपति दायक
विद्यादायक भाग्य विधायक

ऐसी कृपा प्रभु सब पर करना
निर्भय होय समाज

नित्य करे जो पूजा तेरी
ऋद्धि–सिद्धि आये नित देहरी

रोग-शोक भी पास न आवे
अगजग में सम्मान दिलावे
जिस पर तेरी कृपा बरसती
वही बने सरताज
नित बन्दौं गजबदन विनायक
सफल करें सब काज

**

मंगलम् मंगलम्

शुभम् सुन्दरम् मंगलम् मंगलम्
हम हमेशा कहें मंगलम् मंगलम्
हम प्रफुल्लित रहें औ मिलें प्यार से
सबसे मिलकर कहें मंगलम् मंगलम्

सबको रोटी मिले और तन भी ढ़के
साथ हँसकर कहें मंगलम् मंगलम्
लोभ से यूँ बचें नीति पर हम चलें
और चलकर कहें मंगलम् मंगलम्

भेद जन का मिटे, द्वेष मन से हँटे
स्नेह लेकर कहें मंगलम् मंगलम्
जिन्दगी में कभी जो भी आये तपन
ताप सहकर कहें मंगलम् मंगलम्

**

मन के वातायन से

मन के वातायन से
झांकता अतीत में
ओठों पर उग आए
सपनों के गीत में

याद आता है मुझको
अपना वह गांव

धूल भरी सड़कें औ
हरी-भरी पगडंडी
चौराहे पर जैसे
टंगी हुई हो झंडी

दूर तलक फैली है
पीपल की छांव
याद आता है मुझको
अपना वह गांव

आले पर जलते थे
मिट्टी के दीये
रौशनी जहां जैसे
अपनी अंगिया सिये

बाबू की खांसी सुन
ठिठकते थे पांव
याद आता है मुझको
अपना वह गांव

मतबाले पछवा के
हल्के से झोंके से
ठहर-ठहर जाती थी
उम्र कहीं धोखे से
पिछुआरे बोल रही
बिल्ली ज्यों म्याऊं
याद आता है मुझको
अपना वह गांव
बारिश के मौसम में
भींगता था तन-बदन
कर जाता अनुप्राणित
सुन-सुन कर सनन-सनन
थम जाता ह्रदय तब
मिल जाता ठांव
याद आता है मुझको
अपना वह गांव

**

नववर्ष तुम्हारा अभिनंदन

आकाश कुसुम सा नित चमकें
खिला रहे नन्दन-कानन
हँसी-खुशी सब लोग रहें
नववर्ष तुम्हारा अभिनंदन

भ्रष्टाचार मिटे अग-जग से
सब जन निर्भय हो विचरें
हो खुशहाल सभी का जीवन
नववर्ष तुम्हारा अभिनंदन

नैतिकता की बात करें हम
हिंसा-द्वेष मिटे ऐसे
कभी किसी का हो न तपन
नववर्ष तुम्हारा अभिनंदन

निश्छल निर्मल हो सबका मन
मुस्काये यह धरा गगन
आपस में भाईचारा हो
नववर्ष तुम्हारा अभिनंदन

**

नए साल की नई सुबह में

नए साल की नई सुबह में
लिक्खूँ मैं इतिहास नया
दुख संताप रहे ना जग में
जन–गण में हों प्यार, दया

निर्बल और असहाय जनों की
हम न करें उपेक्षा अब
उनको है दरकार प्यार की
ना ही नफरत और दया

नैतिकता की बातें हों बस
कलह–द्वेष की बात नहीं
मिल–जुल कर हम साथ रहें
बहू–बेटियाँ हों अभया

**

गर्व करे सारी दुनिया

काल खंड के पहिये जैसी
घूम रही सारी दुनिया
नित्य प्रगति की चोटी पर
चढ़ने को आतुर दुनिया

सारा जग इक रंगमंच है
हम सब हैं बस इसके पात्र
ईश्वर इसके सूत्रधार हैं
वही चलाते हैं दुनिया

कठिन तपस्या के बल पर ही
हमने पाया यह मानव तन
फिर क्यों इसको व्यर्थ गँवायें
यही सोच बढ़ती दुनिया

तू-तू, मैं-मैं से दूर निकल
ऐसा कोई काम करें
जिसे देख सब रहें अचम्भित
गर्व करे सारी दुनिया

**

सृष्टि के तुम हो नियामक

सृष्टि के तुम हो नियामक
मुक्ति का वरदान दे दो

वासना के गहन वन गें
खो गया मन का कथानक
तुम प्रलय के पारखी हो
मुक्ति का वरदान दे दो

जाति-मजहब की लड़ाई
कर रहा आक्रांत सबको
प्यार की गंगा बहा कर
कलह का अवसान दे दो

प्रेम का ढब है निराला
पा सका ना पार कोई
छेड़ मीठी रागिनी अब
भक्ति का अवदान दे दो

अज्ञानता के गहन वन में
ढूंढ़ते हैं ज्योति पथ सब
ज्ञान का दीपक जला
आलोक का वरदान दे दो

जिंदगी के गणित में ही
उलझ कर सब रह गये हैं
दूर कर इन उलझनों को
पथ कोई आसान कर दो

**

रूठ गए घनश्याम हमारे

रूठ गये घनश्याम हमारे
जी न सकूँगी उनके बिना रे

निशदिन इनकी बाट तकूँ मैं
मन मंदिर में ज्योति जला रे
हुई बाबरी उनबिन अब मैं
आये ना मनमोहन प्यारे

भूल गई पर भूल न पाई
जीवन के वे सांझ सकारे
रहते थे हमसब मिल–जुलकर
चमक उठे थे भाग्य हमारे

रूठ गए घनश्याम हमारे
जी न सकूँगी उनके बिना रे

है बसरसात सुबह अलबेली
आजा अब ना देर लगा रे
मन भावन दिन रैन हों मेरे
ऐसी कोई जुगत लगा रे

रूठ गए घनश्याम हमारे
जी न सकूँगी उनके बिना रे

जान गई मैं तुम हो छलिया
छुपते क्यों हो दरस दिखा रे

बरसे सावन तपन हिया में
मुरली वाले तपन मिटा रे
　　रूठ गए धनश्याम हमारे
　　जी न सकूँ मैं उनके बिना रे

**

वन्दना उनकी करूँ

वन्दना उनकी करूँ जो
राष्ट्रहित तिल-तिल जले
अर्चना उनकी करूँ जो
मातृ भू पर मर मिटे

थी नहीं परवाह जिनको
नाम यश सम्मान की
जान की बाजी लगाकर
राष्ट्रहित जो बलि चढ़े

स्नेह और ममता का आँचल
दे सँवारा था जिसे
वन्दिनी जननी की खातिर
निज पुत्र की जो बलि दिए

तोड़ डाली बेड़ियाँ सब
मातृ भू के पाँव की
मुक्ति हित माँ भारती की
प्राण न्योछावर किए

वन्दना उनकी करूँ जो
राष्ट्र हित तिल-तिल जले

**

मेरा भारत देश महान

वीरों और संतों की भूमि
मेरा भारत देश महान
नीति न्याय का पोषक है यह
करता है सबका सम्मान

उत्तर में हो खड़ा हिमालय
इसकी रक्षा करता है
औ चोटी से बहती गंगा
करती अमृत रस का दान

गंगा जल से मज्जन करके
स्वस्थ सभी जन रहते हैं
रोगों से यह मुक्त कराता
देता हमें अभय वरदान

रंग बिरंगे फूल सुगन्धित
खिलकर खुशियां बिखराते
हरा-भरा है देश हमारा
हमसब हैं उसकी संतान

है उदार संस्कृति इसकी
सब पर प्यार लुटाता है
दुश्मन को भी गले लगाता
चाहे जो भी हो परिणाम

अलग-अलग है भाषा इसकी
अलग-अलग इसके परिधान

फिर भी हमसब मिलकर कहते
मेरा भारत देश महान

विश्व का अगुआ रहा सदा यह
सबसे अलग रही पहचान
जग में है यह सबसे न्यारा
मेरा प्यारा देश महान

**

भारत का अभिमान तिरंगा

लहर–लहर लहराए नभ में
भारत का अभिमान तिरंगा
मिलकर ऐसा काम करें हम
पाए जग में मान तिरंगा

मातृ शक्तियाँ रहें सुरक्षित
भ्रष्ट आचरण छोड़ें हम
सत्य मार्ग पर चलने का नित
देता है फरमान तिरंगा

हम भारत वासी आपस में
मिल–जुल कर ऐसे विहरें
कोई तोड़ सके ना हमको
गाता गौरव गान तिरंगा

**

हम भारत वासी

हम भारत वासी उन्नति के सपने रोज सजाएँ
कभी किसी का दिल ना टूटे सब में प्यार जगाएँ
मिल कर होली ईद मनाएँ गुरुद्वारे भी जाएँ
जात-पात का भेद मिटा सब मानव एक कहाएँ

बेटों सा सम्मान मिले वे कभी नहीं दुख पाएँ
नहीं गर्भ में मारी जाएँ यह संदेश पठाएँ
जीवन के संघर्षों को भी हँसकर गले लगाएँ
खुशहाली आये अग-जग में ऐसा कुछ कर जाएँ

अपने साहस औ पौरुष से बाधाएँ दूर भगाएँ
ऊँच-नीच का भेद मिटा सबको गले लगाएँ
हम स्वतंत्र भारत के वासी इसे नहीं बिसराएँ
आजादी महफूज रहे हम शूली पर चढ़ जाएँ

**

ऐ हिन्द के निवासी

ऐ हिन्द के निवासी
मन के कपाट खोलो
स्वागत में लो खड़ी है
भाषा विराट बोलो

इतनी उदार है यह
है विश्व में सुपूजित
फिर देशवासी क्योंकर
रखते उसे अपूजित

हर देश की ही भाषा
हिन्दी में है समायी
जग की दुलारी है यह
दुविधा में क्यों है भाई

हिन्दी को छोड़ क्यों हम
रटते हैं अन्य भाषा
हिन्दी हमारी माँ है
इसको है हमसे आशा

यह राजभाषा है ही
और राष्ट्रभाषा भी हो
मन में करो प्रतिज्ञा
इसकी न हो अवज्ञा

हिन्दी से प्यार होगा
सबका विकास होगा
आगे बढ़ेंगे हमसब
सब में समास होगा

**

कर शपथ कर शपथ

संधिकाल आ गया
नौजवान लो शपथ
अनीति का विनाश कर
नीति का तु नींव रख
कर शपथ कर शपथ कर शपथ

मािट मातृभूमि की
कह रही है चीखकर
पापियों का नाश कर
चल पड़ो सुमार्ग पर
कर शपथ कर शपथ कर शपथ

भ्रष्ट आचरण यहाँ
दर्द दे रहा अकथ
मातृशक्ति चाहती
बहशियों का नाश कर
कर शपथ कर शपथ कर शपथ

मिटा के भेद भाव को
गढ़ नया तु प्रेम पथ
सबों में भाई-चारा हो
रहे ना कोई भी विरत
कर शपथ कर शपथ कर शपथ

**

बिहारियों का संकल्प

हम बिहारी राष्ट्र का गौरव बढ़ायेंगे
राष्ट्रहित में जान की बाजी लगायेंगे

राष्ट्र के उत्थान की है कामना दिल में
अपनी खोई अस्मिता हम ढूंढ लायेंगे

अपनी मिहनत और कौशल का बजा डंका
विश्व के उत्थान का अवसर सजाएंगे

मिट रहा है अब यहाँ से भूख भ्रष्टाचार
हो निडर विश्वास की गंगा बहायेंगे

खौफ या आतंक की बातें नहीं होंगी
विश्व का अगुआ कभी था फिर बनायेंगे

पेड़-पौधों का सदा करते रहे दोहन
दे हरा परिधान धरती को सजाएंगे

स्वस्थ और समृद्ध होंगे अब हमारे जन
ज्ञान और विज्ञान का साम्राज्य लायेंगे

**

हे मातृ शक्ति तुम हो महान

हे मातृशक्ति तुम हो महान
हम करते हैं तेरा वन्दन
    वात्सल्य भरी तेरी आँखें
    जब स्नेह सुधा बरसाती हैं
    हो जाते हैं हमसब निहाल
    जब प्रेम का पाठ पढ़ाती हो
शांत, सौम्य, गंभीर हो तुम
निज कर्मों से बतलाती हो
हम स्वस्थ और सानंद रहें
उसका तुम जुगत लगाती हो
    तुम सहनशील धरती समान
    यह भान हमें तब होता है
    जब दुष्कर राहों पर चलना
    तुम आसान कराती हो
तुम खुद भूखी रह हम सब को
नित पय पान कराती हो
निज दुख से ध्यान हँटाकर तुम
हम सब पर प्यार लुटाती हो
    तुम मानव की सर्जन कर्तृ
    तुम महाशक्ति कल्याणी हो
    देती ममता की छांव हमें
    तुम प्रेय श्रेय ब्रह्माणी हो
हे मातृ शक्ति तुम हो महान
हम करते हैं तेरा वंदन

**

रूप कुंवर की हाट सजी है

रूप कुंवर की हाट सजी है
खरीदार व्यापारी है
जाने वह किस हाथ बिकेगी
यह मसला है तारी

अपनों की तो बात न पूछें
सब के सब व्यापारी
जो भी देगा दाम बढ़ाकर
उसकी ही हकदारी

सोच रही है रूप कुँवर
क्यों लड़की है बेचारी
बचपन से सह रही उपेक्षा
रही प्यार की भारी

वहाँ न जाओ इसे न बोलो
कहती है महतारी
दादी और पिताजी तो हैं
वर्जन के अधिकारी

वह क्या सोचे वह क्या चाहे
है कोई नहीं पुछारी
कैसा जीवन कैसी दुनिया
सोच-सोच कर हारी

बेटी होना पाप है कोई
यक्ष प्रश्न है भारी

माँ, बेटी, पत्नी बनकर क्यों
बनी रही बेचारी
क्यों इतना अन्याय हो रहा
क्यों शोषण है जारी
कभी तो सोचो दुनियावालो
है उसकी भी हकदारी

**

मांग रही है नारी शक्ति अब

सुनो सुनो ऐ भारतवासी
नारी की यह करुण पुकार
चीख रही वह दारूण दुख से
प्यार की है उसको दरकार
धरती पर आने से पहले
किया है सबने अत्याचार
कभी किसी ने जहर दिया औ
जल्लादों सा जुल्म किया
माँ–पापा ने बोझ समझकर
छोड़ दिया था मंदिर में
और चढ़ावा खाकर उसने
अपने को है बड़ा किया
जीवन के सोलह वसंत में
उसका अनुपम रूप सजा
और पुजारी की कुदृष्टि ने
उसका जीवन नर्क किया
किसे सुनाए अपनी गाथा
किसने उसको बर्बाद किया
पुरुष नाम के नर पिशाच ने
उसका जीवन नर्क किया
अपना काला मुंह लेकर
जाए वह अब किसके द्वार
मांग रही है नारिशक्ति अब
पुरुषों से अपना अधिकार

**

जागो जागो हे मातृशक्ति

बाधाओं से जो लड़-भिड़ कर
अपनी मंजिल पा लेती हैं
वह मातृशक्ति ही इस जग में
दुर्गा काली कहलाती है

कालरात्रि बनकर जिसने
महिषासुर का नाश किया
वही शक्ति क्यों आज बनी है
पराश्रयी अज्ञानी है

जागो जागो हे मातृशक्ति
निज भुजबल को पहचानो तुम
चुन-चुन असुरों का नाश करो
क्यों बनी तु आज शिवानी है

दी थी ममता की छाँव जिसे
बना वही तेरा भक्षक
कब तक यूँ तुम जुल्म सहोगी
तुम अवला नहीं भवानी है

**

चूल्हा-चौका करते-करते

चूल्हा-चौका करते-करते
बन गई पाक प्रवीण
पूरी करती रही अपेक्षा
सेवा में तल्लीन

उड़ने को उन्मुक्त गगन में
उसके पंख खुले हैं
उम्रकैद की सजा सुनादी
यह हरकत है संगीन

मौसम की अनदेखी है यह
बादल की दुश्वारी
सूख गए सब ताल-तलैये
तड़पे जल बिन मीन

माँ बेटी पत्नी बनकर भी
वो रही हमेशा हीन
नींद कहाँ आई आँखों में
सब सपने हुए विलीन

**

जाग उठी है गृहिणी अब तो

महँगाई सौगात में पाकर
टूट गया सबका सपना
भूखा मंगला जान गँवाकर
दिया है चिंतन का स्वर अपना

कबतक रटते रहते भाई
मार गई डायन महँगाई
फेंकी तंद्रा की चादर को
सबने यह आवाज लगाई

हम स्वतंत्र भारत के वासी
झेलें कबतक अत्याचार
रोटी, कपड़ा और मकान है
हमसब का मौलिक अधिकार

गर रख सकते नहीं नियंत्रण
खाद्य वस्तु के दामों पर
छोड़ें कुर्सी त्यागें सत्ता
हो दखल नहीं सिंहासन पर

ए.सी. बंगला औ गाड़ी की
लिप्सा मन से खतम करें
जाग उठी है गृहिणी अब तो
अब ना उसका दमन करें

**

दिल में है तूफान

दिल में है तूफान
आफत में है जान
कर मेहनत का ऐलान
जमाना बदलेगा

सबको अपना मान
बन जाएंगे काम
होगा सब का कल्याण
जमाना बदलेगा

मिलजुल कर सब काम
होगा जग में नाम
आयेगा धबल विहान
जमाना बदलेगा

कर आँखों का दान
है यह कार्य महान
खुशियों को पहचान
जमाना बदलेगा

**

दो कदम तुम भी चलो

साथ चलने से हमारे
फासले कम जायेंगे
दो कदम तुम भी चलो
दो कदम हम भी चलें

यूँ अकेले ही किसी की
जिन्दगी कटती नहीं
साथ मिलकर यदि चलें तो
बात कुछ बन जायेगी

जिंदगी की राह में
काँटे बिछे हैं दोस्तो
जब सभी जन एक होंगे
बात फिर बन जायगी

दहशतों के खौफ को
कब तक सहेंगी बेटियाँ
क्यों हमेशा वह घुटन का
दंश सहती जाएगी

बेटियाँ इस सृष्टि का
अप्रतिम उपहार हैं
वे सिरजती हैं हमें
जो स्वयं मारी जायगी

कोख में ही बेटियों को
नष्ट यूं मत कीजिए
जो सभी का है सहारा
क्यों बलि चढ़ाई जाएगी

**

तनहा-तनहा क्यों रहते हो

पलभर ही बैठो सुस्तालें
प्यार की बातें करलें
तनहा-तनहा क्यों रहते हो
आओ थकन मिटालें

किसने जाना कल क्या होगा
अनजाने की चिन्ता क्या
आओ मिलजुल कर हम सारे
सपने नए सजालें

खुशहाली आये हर घर में
मिलकर ऐसा जतन करें
सबके मन की पीड़ाओं को
मिलकर आज हटालें

मानवता अनमोल सम्पदा
इसकी कीमत पहचानें
ऊँच-नीच का भेद मिटाकर
सबको गले लगालें

**

जी करता उन्मुक्त गगन में

जी करता उन्मुक्त गगन में
पाखी बनकर उड़ जाऊँ
दिनभर बिचरूं नीलगगन में
संध्या को घर आऊँ

इधर–उधर से दाने चुगकर
सबकी भूख मिटाऊँ
फुर्सत के क्षण मिलजुल कर
जीवन संगीत सुनाऊँ

भय का भूत कभी ना व्यापे
ऐसी जुगत भिड़ाऊँ
बच्चों की किलकारी सुन
मैं भी बच्ची बन जाऊँ

राग–द्वेष की बात न हो
बस प्रेम का राग सुनाऊँ
स्वयं हँसू औरों को हँसांकर
सबका मन बहलाऊँ

जी करता उन्मुक्त गगन में
पाखी बन उड़ जाऊँ

**

सद्गुण ही अपनाएँ हम

यदि आगे बढ़ना है तो
सद्गुण ही अपनायें हम
बन जायेंगे काम सभी
सफल व्यक्ति कहलायें हम

जग में आगे बढ़ें सभी
यह संकल्प हमारा हो
सबके हित की बात करें नित
सर्व सुलभ बन जायें हम

जब हम झांके मन दर्पण में
दिव्य ज्योति ही पायें हम
अवसादों से ध्यान हटा कर
आगे बढ़ते जायें हम

सच के रस्ते चलना है तो
संघर्षों का हाथ पकड़
मिल जायेगी मंजिल भी
तनिक नहीं घबरायें हम

**

सागर की लहरों पर देखो

सागर की लहरों पर देखो
थिरक उठी है राम कली
अपनी तरुणाई को लख कर
चहक उठी है रामकली

सुख-दुख तो आते रहते हैं
उसकी खातिर सोचें क्यों
गहरा भेद छुपाए मन में
किलक उठी है रामकली

जिसने तड़पाया जीवनभर
उसकी आशा करनी क्यों
वक्त ने उसको बहुत सताया
सिसक उठी है रामकली

सुख आया उसके जीवन में
कोपल फूटी खुशियों की
नवजीवन उपहार में पाकर
दमक उठी है रामकली

गम का दरिया बहते-बहते
जाकर मिला समन्दर में
खौफ नहीं है उसके मन में
पुलक रही है रामकली

**

ओ मन मीत सुनो जीवन का

ओ मन मीत सुनो जीवन का
अभिनव गीत सुनाती है
अपने मन के वातायन से
यह संगीत सुनाती हूँ
ओ मन मीत सुनो जीवन का
अभिनव गीत सुनाती हूँ

दग्ध हृदय के सुर से निकले
जीवन के संदर्भ सभी
आकर देखो आज नयन भर
जग की रीत सुनाती हूँ
ओ मन मीत सुनो जीवन का
अभिनव गीत सुनाती हूँ

सुख-दुख तो आते रहते हैं
क्यों इसकी परवाह करें
जीवन के उन मधुर पलों का
सुखद अतीत सुनाती हूँ
ओ मन मीत सुनो जीवन का
अभिनव गीत सुनाती हूँ

कितना प्यारा था वह मौसम
छाई थी घनघोर घटा
मोर पंख के लहराने का
अनुपम रीत सुनाती हूँ
ओ मन मीत सुनो जीवन का
अभिनव गीत सुनाती हूँ

**

तुम क्यों गए विदेश

बबुआ तुम क्यों गए विदेश
छोड़ के अपना देश रे बबुआ
तुम क्यों गए विदेश

छूट गया घर–आँगन अपना
बिछुड़ गए सब साथी
बूढ़ा बरगद पूछ रहा है
आया क्या सन्देश रे बबुआ
तुम क्यों गए विदेश

ना कोई चिट्ठी ना पाती
मन में बहुत कलेश
माँ की ममता बिलख रही है
कब आओगे देश रे बबुआ
तुम क्यों गए विदेश

कमली काकी की बिटिया भी
रो–रो हुई सयानी
मुरझ गई उसकी तरुणाई
रहा न कोई उदेश रे बबुआ
तुम क्यों गए विदेश

मैं अपना क्या हाल सुनाउँ
प्राण बिना ज्यों देह
आँखों ने भी साथ है छोड़ा
अब क्या लिखूँ विशेष रे बबुआ
तुम क्यों गए विदेश

झुकी हुई आमों की डाली
तेरी बाट निहारे
आम सिनुरिया तुम्हें पुकारे
जल्दी आओ देश रे बबुआ
तुम क्यों गए विदेश

रोज महाजन करे तगादा
मेरा कर्ज चुकाओ
घर-घराड़ी लगा दांवपर
कुछ भी रहा न शेष रे बबुआ
तुम क्यों गए विदेश

इस पाती को तार समझ कर
एक बार तुम आजाओ
खांस-खांस कर दादा गुजरे
यादें हैं अवशेष रे बबुआ
तुम क्यों गए विदेश

**

आज मिलन की बात करो ना

आज मिलन की बात करो ना
जी घबराता है

        बचपन में कुछ समझ नहीं थी
        खाया खेला मजा किया
        यौवन का तो हाल न पूछो
        जी घबराता है

आई तरुणाई की बेला
मन में बजी प्यार की घंटी
उन लम्हों को याद करो ना
जी घबराता है

        आया चौथापन तो देखो
        जो थे अपने हुए पराये
        स्नेह–प्यार बिन जीवन सूना
        जी घबराता है

सींचा था जिस पौधे को हमने
बन विशाल वह देगा छाया
तरस रहे हम उस छाया को
जी घबराता है

        रहा अकेला छूटे अपने
        खालीपन सौगात मिला
        झांकूँ मन के वातायन से
        जी घबराता है

जीवन की सध्या बेला में
घर–आंगन वीरान पड़ा
निर्झर झरते अश्रुकणों से
जी घबराता है

**

प्यार बाँटो साथिया

रूठ कर कैसे फिजा से
जा रहे हो साथिया
प्यार की दरकार है तो
प्यार बाँटो साथिया

जिन्दगी की शाम में
मानो यही कटु सत्य है
तुम नहीं तुम, वह नहीं वह
यह समझ लो साथिया

ढूंढ़ने की क्या जरूरत
अपने कल को आज में
आएगा वापस नहीं वह
खुश रहो तुम साथिया

यह अधर की चुप्पियां
कह रहीं कुछ इस तरह
बात दुख की क्या करोगे
भूल जाओ साथिया

नित्य सागर के किनारे
घूमते थे साथ हम
क्या मनोरम दृश्य था वह
याद करलो साथिया

**

अकेले में छुपकर

अकेले में छुपकर यूँ रोओगे कबतक
बहारों की दुनिया तुम्हें ढूंढ़ती है

मजारों पे दीपक जलाओगे कबतक
नई प्यारी दुनिया तुम्हें ढूंढ़ती है
कदम-दो-कदम साथ चलकर तो देखो
उषा की किरण भी तुम्हें ढूंढ़ती है

निराशा को दिल में बिठाओगे कबतक
कि आशा की दुनिया तुम्हें ढूंढ़ती है
कि वीरां नहीं है तुम्हारा ये जीवन
उल्फत की दुनिया तुम्हें ढूंढ़ती है

शबेगम के आगोश में क्यों पड़े हो
सफलता की मंजिल तुम्हें ढूंढ़ती है
शमा की तरह क्यों जले जा रहे हो
सुनहली सुबह भी तुम्हें ढूंढ़ती है

**

चलो आज घूम आएँ

चलो आज घूम आएँ
अपना वह गाँव
बैलों की घंटी सुन
जागा किसान अब
बरतन की खटपट सुन
दादाजी जाग गए
दादी की प्राती सुन
जगा सारा गाँव
चलो आज घूम आएँ
अपना वह गाँव
खेतों में लहराती
गेहूँ की बाली में
उलझ-उलझ जाते हैं
गोरी के पांव
चलो आज घूम आएँ
अपना वह गाँव
मंजराये महुआ की
मादक सुगंधों से
बौराये भंवरे भी
ठिठक-ठिठक जाते हैं
झांझर की रूनझुन पर
बहकते हैं पांव
चलो आज घूम आएँ
अपना वह गाँव

**

अनहद नाद सुनो जीवन का

अनहद नाद सुनो जीवन का
साथी मेरे साथ निकलकर

बहुत कठिन जीवन की राहें
आगे बढ़ना सम्भल-सम्भल कर
यश, अपयश औ विजय पराजय
पाता नर करतब के बल पर

भाव, प्रभाव, स्वभाव सहारे
मानव जीवन चले निरंतर
हिमगिरि के ऊँचे शिखरों पर
चढ़ता नर हिम्मत के बल पर

कल-कल, छल-छल बहती नदिया
देती है जीने का संबल
सच्चाई के रस्ते चलकर
कट जातीं राहें अतिदुष्कर

ज्ञान-विवेक का सेतु बनाकर
पार उतर जा जीवन सागर
रोपे जो बिरवा बबूल के
आम की चाह करे फिर क्यों कर

अनहद नाद सुनो जीवन का
साथी मेरे साथ निकलकर

**

गिरि गह्वर नंदन कानन में

गिरि गह्वर नंदन कानन में
गूँज रही है इक आवाज
उठ जाग मुसाफिर गया तिमिर
अब होने को है नव प्रभात

इतनी मायूसी ठीक नहीं
खुश रहने का तू कर प्रयास
जीवन है इक रंगमंच
खुशियां हैं तेरे आसपास

दूर करो अवसादों को
छोड़ो मन के सारे प्रमाद
लुकने-छिपने की बात नहीं
करना है केवल विकास

अपने कर्मों की खुशबू से
लाओ जीवन में नव उजास
मिल जायेंगे आकाश कुसुम
छाएगा मन में नव हुलास

**

उठो पार्थ

जगमग ज्योति जले पौरुष की
उज्जवल हो जग सारा
प्रेम सुधा बरसे नित द्वारे
हो खुशियों का लश्कारा

    मेरा-तेरा का भेद मिटे
    मिल हो जाय हमारा
    कितना अद्‌भुत होगा वह पल
    सुख का रहे बसेरा

उठो पार्थ गाँडीव सम्हालो
ध्वस्त करो नफरत का घेरा
मिट जाये अन्याय धरा से
जब सच ने मधुगंध बिखेरा

**

सूरज चाँद सितारे जुगनू

सूरज चाँद सितारे जुगनू
यह केवल उन्वान हो गए
कैसी खुशियाँ कैसा बचपन
सपने सब वीरान हो गए

जिधर देखता उधर होड़ यह
खाली गाँव मकान हो गए
दादी-नानी, कथा-कहानी
सब के सब अन्जान हो गए

सुप्रभात को भूल गए सब
गुड मॉर्निंग फरमान हो गए
लिया नमन की जगह हाय ने
हम सब इंगलिस्तान हो गए

सूख गए आमों के पल्लव
मुरझाई चंपा भी क्यों कर
नहीं फुदकती गोरैया अब
बाग सभी सुनसान हो गए

सूने सारे गली-मुहल्ले
खेत और खलिहान हो गए
गाँव छोड़ शहर को भागे
घर सारे वीरान हो गए

**

श्रम साध्य जीवन जी रहा

श्रम साध्य जीवन जी रहा
असहाय कैसे हो गया
कृशकाय ममता सोचती
यह हाय कैसे हो गया

मन में यही थी भावना
हर व्यक्ति का सम्मान हो
निर्माण हित पुरुषार्थ का
अपमान कैसे हो गया

उत्कर्ष का संकल्प था
मन में सफलता की लगन
प्रगति के इस कार्य में
व्यवधान कैसे हो गया

परिणाम की चिंता नहीं
बस काम करना लक्ष्य था
कर्तव्य पथ को छोड़ना
आसान कैसे हो गया

चपल चंचल दामिनी
दम-दम दमकती व्योम में
तमस के आघात का
ये विधान कैसे हो गया

**

कठिन समय के परिवर्तन का

कठिन समय के परिवर्तन का
कैसा खेल निराला
अपना कहने वालों ने भी
बदला अपना पाला

गुंजित थे घर-आंगन अपने
कल जिनकी किलकारी से
आज वही घर सूना करके
कहाँ गया है लाला

अपनी-अपनी धुन में ही जग
रिश्तों को ही टाला
इस निर्वासन की दहशत से
पिया जहर का प्याला

जिस माँ के आँचल के नीचे
न्योछावर थी खुशियाँ
उस आँचल से लिपट रही हैं
तृष्णाओं की ज्वाला

**

सरबर के पानी में

सरबर के पानी में
हंसों का मेला है
दूर खड़ा देख रहा
बगुला अकेला है

सच का दरबार सजा
नीति ज्ञान दरबारी
झूठ खड़ा कोने में
बिल्कुल अकेला है

धर्म बना मंत्री है
ज्ञान न्याय बांच रहा
पाप खड़ा बाहर ही
ठिठका अकेला है

फरियादी आया है
झूठी फरियाद लिए
हंस न्याय कर्ता ने
झूठ को धकेला है

पूजा की थाल लिये
करुणा मुस्काती है
देहरी पर जुल्म खड़ा
न्याय दंड झेला है

**

वर्तमान परिवेश

लूट, फिरौती राहजनी ने
मचा दिया है हाहाकार
गैंगरेप के तांडव ने तो
किया है सबका बंटाधार

सुख समृद्धि यश की खातिर
नारिशक्ति पूजी जाती
करते हैं अपमान उन्हीं का
कैसा यह कुत्सित व्यवहार

बहुत हुआ दुष्कर्म तमाशा
छोड़ें यह गंदा व्यापार
मातृशक्ति को पहचानें सब
सबका होगा बेरापार

**

चलें गांव की ओर

छोड़ शहर की चकाचौंध
अब चलें गाँव की ओर

हरियाली सौगात मिलेगी
अपनेपन की बात मिलेगी
शुद्ध हवा पानी की खातिर
नहीं मचेगा शोर

अब चलें गाँव की ओर

उपजाऊ हैं खेत गाँव के
भरते हैं भंडार अन्न से
मिल जाती है सबको रोटी
खुशहाली चहुँओर

अब चलें गाँव की ओर

सुख-दुख में सब मिलकर रहते
मिल्लत का पैगाम हैं देते
सहज सरल स्नेहिल मन उनका
भींगे मन का कोर

अब चलें गाँव की ओर

गुरुजन का आदर होता है
मात-पिता भगवान कहाते
लक्ष्मी है हर घर की बेटी
करिये इस पर गौर

अब चलें गाँव की ओर

गौरवमय इतिहास गाँव का
सेवा-भाव है इसकी पूँजी
सत्य न्याय के रस्ते चलकर
जग का है सिरमौर
अब चलें गाँव की ओर

**

मेरा सपन सलोना

मेरा सपन सलोना कैसे
टूट गया इक पल में
आया नहीं दिलाशा देने
आन फँसी दलदल में

टूट गई आशा की डोरी
उलझ गई छल–बल में
सब रिश्ते निष्प्राण हो गए
हुई अकेली पल में

डूब रही है जीवन नैया
मेरी बीच भँवर में
आकर मुझे छुपा लो मैया
स्नेह भरे आँचल में

**

आओ दीप जलाएँ

आज अमावस की रात्रि है
आओ मिलकर दीप जलाएँ
जगमग ज्योति जले घर-आँगन
प्रेम सुधा बरसाएँ

अंधकार पर विजय सिखाता
मन से कलुष मिटाना
जलकर दीप हमें बतलाता
जग को सुखी बनाना

आओ दीप जलाएँ हमसब
प्रेम सुधा बरसाएँ

फेंक उदासी की चादर को
मिलकर खुशी मनाएँ
कोई दुखी रहे ना जग में
ऐसा कुछ कर जाएँ

आओ दीप जलाएँ हमसब
प्रेम सुधा बरसाएँ

बाती जलती रही रात भर
तेल का संबल पाकर
हम मानव भी सुखी रहें
इक दूजे का संबल बनकर

आओ दीप जलाएँ हमसब
प्रेम सुधा बरसाएँ

**

जीवन ज्योति जले रे

जीवन ज्योति जले रे
ज्ञान की ज्योति जले रे

जीवन पथ पर घोर अंधेरा
लोभ मोह अज्ञान ने घेरा
ज्ञान का दीप जलाकर मन को
आलोकित कर दे रे

जीवन ज्योति जले रे
ज्ञान की ज्योति जले रे

निर्मल तन हो उज्ज्वल मन हो
सेवा में अर्पित जीवन हो
ऐसा भाव जगाएँ मन में
नव उर्जा भर दे रे

जीवन ज्योति जले रे
ज्ञान की ज्योति जले रे

जन गण मन में प्यार बढ़े नित
सबके मन का क्लेश मिटे नित
प्यार का दीप जलाकर मन को
आलोकित कर दे रे

जीवन ज्योति जले रे
ज्ञान की ज्योति जले रे

**

हक की बातें

हक मिला हकीकत बदली
बदल गए हालात
काम करें जी-जान से
तभी बनेगी बात

लूट-मार, दुष्कर्म की
आई है बरसात
शर्मसार है मानवता
कितने दुख की बात

निजता के संबंधों पर
हुए कुठाराघात
अपनी हवस मिटाने को
करे घात पर घात

अपने हक की बात ही
करते सब दिन-रात
परोपकार की भावना
हुई पुरानी बात

पाप-पुण्य की परिभाषा
बदल गई है आज
गुरू-शिष्य संबंध ही
बदलेंगे हालात

**

हमारी जान है गंगा

हमारी जान है गंगा
हमारी शान है गंगा
हमारे संस्कारों की
अमिट पहचान है गंगा

हिमालय से निकलकर जब
धरा पर आती है गंगा
जड़ी-बूटी रसायन साथ
लेकर आती है गंगा

पान कर इसका पावन जल
सभी जन स्वस्थ रहते हैं
भरे भंडार अन-धन से
वही वरदान है गंगा

हमारे देश की धरती को
करती पूत यह हरपल
छुपाकर अपने आँचल में
बढ़ाती मान है गंगा

हमारी भूल के कारण
प्रदूषित हो रही है यह
बचाओ इसे प्रदूषण से
सृष्टि की जान है गंगा

**

मन प्रफुल्लित तन प्रफुल्लित

मन प्रफुल्लित तन प्रफुल्लित
हो रहा जीवन प्रफुल्लित
कोकिला की मधुर धुन सुन
है धरा अम्बर प्रफुल्लित

सोन चम्पा की महंक से
बाग का माली प्रफुल्लित
गा रहा मल्हार पपिहा
सुन हुआ मधुवन प्रफुल्लित

जान जोखिम में मगर
बेखबर तितली प्रफुल्लित
भौंर की गुलजार सुनकर
लाल गुलमोहर प्रफुल्लित

सोन जूही झूमती है
देखकर कलियां प्रफुल्लित
खिलखिलाती गिलहरी की
आज टोली भी प्रफुल्लित

बह रही शीतल हवाएँ
हो उठा तन मन प्रफुल्लित
स्वाति की इक बून्द पाकर
चातकी भी है प्रफुल्लित

**

धरती अम्बर सागर नदिया

धरती अम्बर सागर नदिया
किसकी बात करें
सूख रही है ताल-तलैया
किसकी बात करें

वर्षा तो मेहमान बन गई
पानी बना पताली
वन उपवन का हाल बुरा है
किसकी बात करें

नभ से बादल रूठ गए हैं
छूट गया है साथ
गर्मी से व्याकुल जन-जन हैं
किसकी बात करें

मेढ़क भी टर्राना भूले
नहीं नाचते मोर
लगे नहीं बागों में झूले
किसकी बात करें

बिन हरियाली धरती माँ भी
लागे बसन विहीन
चिड़ियों का कलरव भी छूटा
किसकी बात करें

**

मस्त मगन सूरज मुखियाँ

मस्त गगन सूरज मुखियाँ
दे रही सदायें खुशियों की
घर आ जाना हे मनभावन
प्यास बुझेगी सदियों की

चम्पा, जूही और केतकी
झूम रही हो अह्लादित
कोने में कचनार खड़ा
कर रहा प्रतीक्षा खुशियों की

निरख-निरख सबकी खुशियाँ
तगड़ी भी मोद मनाती है
रिम-झिम फुहियों की फुहार
लाई संदेशा खुशियों की

आम्र कुंज में बैठ कोकिला
पंचम सुर में गाती है
छेड़ बसंती राग मधुर
आलिंगन करती खुशियों की

**

आज जाने क्यों

आज जाने क्यों बड़ी
मायूस है सूरजमुखी
हम यही बस चाहते हैं
खुश रहे सूरजमुखी

बाग की शोभा निराली
कह उठी मधुमास से
छेड़ मीठा राग कोई
खिल उठे सूरजमुखी

आम लीची आंवला भी
बाग में इतरा रहे
कोकिला की मधुर धुन सुन
खिल उठी सूरजमुखी

बागवां भी है प्रफुल्लित
देखकर अपना सृजन
नित नये उल्लास से है
झूमती सूरजमुखी

झुरमुटों से झांकता है
चांद पूनम का अभी
चाँदनी की स्निग्धता से
हँस पड़ी सूरजमुखी

जिंदगी की राह भी
आसान कितनी हो गई

साथ चलने का निमंत्रण
दे रही सूरजमुखी
है बड़ा अनमोल जीवन
सोचकर देखो मृदुल
बेखबर रह खुद लुटाती
प्यार वह सूरजमुखी

**

वृक्ष लगायें कई हजार

ताल तलैया वृक्ष पहाड़
धरती के अनुपम उपहार
रंग-बिरंगे फूल यहाँ
होते खुशियों के आधार

हरी मुलायम दूबों का
कैसा है अभिनव संसार
होते तृप्त नयन इनसे
हरियाली के हैं आगार

नीम आम कटहल अनार
झूम-झूम करते इजहार
कोयल क्यों खामोश रहेगी
छेड़ रही पंचम सुर तार

हम मानव ही चूकें क्यों
भूलें आपस की तकरार
धरती माँ का करें श्रृंगार
वृक्ष लगाकर कई हजार

**

ऊपर पानी नीचे पानी

ऊपर पानी नीचे पानी
फिर भी प्यासी घो-घो रानी
दस दिन से छप्पर पर बैठी
बाट निहारे छूटे पानी
नहीं पेट में दाना-पानी
भूखी-प्यासी घो-घो रानी

डूब चुकी बकरी और गैया
बिछुर गए दादी और मैया
लाने गए खिलौने थे वे
नहीं लौट कर आए मैया
एक-एक कर छूटे अपने
रही अकेले घो घो रानी

साथ में बैठा सांप नेवला
चुप बैठी है बिल्ली रानी
इस दुख की बेला में सब
रहते हैं मिलजुल आपस में
कोई नहीं करे मनमानी
सभी चाहते रोटी-पानी

ऊपर पानी नीचे पानी
फिर भी प्यासी घो घो रानी

**

पत्थरों के शहर में

पत्थरों के शहर में
जेठ की दोपहर में
तपिश के इस कहर में
चल पड़ा वह सफर में

प्रणय की ही आस में
प्रेम की बस प्यास में
बढ़ चला है आज वह
मिलन के मधुमास में

गेसुओं की छांव में
टेसुओं के गाँव में
बजी पायल पांव में
बरगदों की छांव में

चातकी की पांत में
विरह की बरसात में
घुप्प अंधेरी रात में
पड़ गया वह घात में

मिलन की इक आस में
स्नेह के बंध पाश में
पी मिलन की आस में
आ गया कैलाश में

**

बसन्त गीत

हरी-भरी वादी में तितली
नाच लहरिया दिखा रही है
फुदक-फुदक कर सोन चिड़ैया
चीरे का मन लुभा रही है

गदराये महुए की खुशबू
इत-उत ऐसी बिखर रही है
कोयल रानी पंचम सुर में
राग बसंती सुना रही है

बागों में छुप-छुपकर सजनी
साजन का मन लुभा रही है
सुगनी काकी भी मस्ती में
फगुआ का रंग जमा रही है

पायल की रून-झुन से बुधनी
सबके मन को रिझा रही है
रंगों की बारिश में कमली
साजन को भी भिंगा रही है

देख खुशी के आलम को
बाधाएँ आँखें चुरा रही है
पीयूष स्त्रोत को पा विरहन
स्वप्न सृजन के सजा रही है

**

आया सावन मास रे मेघा

आया सावन मास रे मेघा बरसो झूमके
प्यासी धरती तड़प रही है बरसो झूमके
रे मेघा बरसो झूमके

धरती माँ वीरान हो गई
सूख गई अमराई
बूंद-बूंद पानी को तरसे
घर में ताया-ताई

लाज नहीं आती है तुझको बरसो झूमके
रे मेघा बरसो झूमके

सागर-पाखी इत-उत डोले
मेढ़क भी टर्राना भूले
बादल रूठे आसमान से
कवि शिरोमणि हो गए झूठे

उनकी लाज बचाओ मेघा बरसो झूमके
रे मेघा बरसो झूमके

हैं उदास सब ताल-तलैया
बिलख रही बकरी और गैया
प्यासी सुगनी वन-वन डोले
है बेहाल अब सोन-चिड़ैया

सबकी प्यास बुझाओ मेघा बरसो झूमके
रे मेघा बरसो झूमके

**

नव बसंत की आहट सुन

नव बसंत की आहट सुन
खिल उठा दशहरी आम्र कुंज
गुन-गुन करता आया भँवरा
फूलों पर करता नर्तन

मंजर से लदी डालियों पर
कूके कोयल हो मस्त मगन
खिल उठा सुनहला अलस भोर
दिन का करता है अभिनंदन

कामदेव की बनी सहचरी
बहती पुरवैया सनन-सनन
पियके पांवो की आहट सुन
लगा बहकने गोरी का मन

सुग्गा-सुगनी का देख मिलन
नाचे गोरैया हो उन्मन
हिरणा-हिरणी करती नर्तन
झूम उठे हैं धरा-गगन

**

मौसम की पहली बारिश

मौसम की पहली बारिश ने
तन मन भिंगा दिया
बहक उठी है ताल-तलैया
मदिरा पिला दिया

देख गगन में काले बादल
लगे नाचने मोर
मौसम की इस अतिवृष्टि ने
सबको रुला दिया

बारिश के आने से कैसे
उफन रहीं हैं नदियां
बेघर कर गाँवों को कितने
तुमने मिटा दिया

आये न परदेशी प्रियतम
हिय में टीस उठी
मेरे निर्मल प्यार का तुमने
कैसा सिला दिया

रिमझिम फुहियों की फुहार से
दमक उठी अंगनाई
भींग गई पनघट पर सखियां
कैसी सजा दिया

**

नदियों को अविरल बहने दो

नदियों को अविरल बहने दो
छेड़ो ना इनकी गति को
इनको कल-कल बहने दो
        नदियों को अविरल बहने दो
जल है जीवन जीव-जंतु का
हरियाली लाता जल ही है
रोको ना इनकी धारा को
इनको छल-छल बहने दो
        नदियों को अविरल बहने दो
जल से सिंचित होकर फसलें
भरती हैं भंडार अन्न का
इसमें बाधा ना पड़ने दो
इनको हर पल बहने दो
        नदियों को अविरल बहने दो
जैविक मल अपच्छिष्टों को
डालो ना इन नदियों में
निर्मल जल पाने की खातिर
इनको निर्मल रहने दो
        नदियों को अविरल बहने दो
है संस्कृति की रक्षक नदियाँ
इसको कभी नहीं भूलो
करती हैं ये तृप्त धरा को
इनको अविकल बहने दो
        नदियों को अविरल बहने दो

**

उमड़-घुमड़कर छाये बदरा

उमड़-घुमड़ घन छाये बदरा
मनभावन को भाये बदरा
आये ना चितचोर सजनवाँ
बैठी बाट निहारे बदरा

प्रथम अषाढ़ पंथ है सूना
विरहन मन घबराये बदरा
किस विधि मिलना होय पिया से
राह न कोई दिखाये बदरा

आया सावन मास पिया बिन
सूनी सेज डराये बदरा
कासे कहूँ मन की बतिया अब
मन का क्लेष बढ़ाये बदरा

रिमझिम मेघा बरसे अंगना
अनुखन ह्रदय जराये बदरा
मीत बिना सूना घर-अंगना
कतहू चैन न पाये बदरा

भादव मास है रैन अंधेरी
झिंगुर शोर मचाये बदरा
आये ना चितचोर सजनवाँ
मन मेरा घबराये बदरा

**

चाँद ओझल हो चला

चाँद ओझल हो चला
छाई उषा की लालिमा
चाँद के अवसान ने
भोर की दस्तक सुनी
चाँदनी को विदा देने
रात प्रातः से मिली
मन में उजाला भर गया
छाई क्षितिज में अरुणिमा
चाँद ओझल हो चला
छाई उषा की लालिमा
खिलखिलाती वादियों के
गीत कानों ने सुना
प्रिय मिलन की आस का
इक दृश्य आँखों में दिखा
पाखियों की गूँज से
आई कली में मृदुलिमा
चाँद ओझल हो चला
छाई उषा की लालिमा
हम नये उत्साह से फिर
काम सब करने लगे
पा लिया जो लक्ष्य था
सब जख्म भी भरने लगे
भौंर के गुंजार से
छाई चमन में मधुरिमा
चाँद ओझल हो चला
छाई उषा की लालिमा

**

नील सागर आज कैसा

नील सागर आज कैसा
लग रहा अभिराम है
सोन मछली डोलती है
मस्त चारो याम है

मछलियों की टोह में
बैठा मछेरा नाव पर
फंस गई नादान मछली
आज फिर बेकाम है

मांगती सबका सहारा
रो रही बेजार वह
बिक रही भोली चिड़ैया
आज ऊंचे दाम में

शाम होने को चली थी
बढ़ रही व्यामोह में
खो गया मन का सुकूं
आरोह की बस चाह में

जिन्दगी में शांति से
हम चाहते जीना अगर
नफरतों को भूलकर
बस प्यार का पैगाम है

**

कब आओगे तुम मनभावन

हाथों की मेहदी पूछ रही
कब आओगे तुम मनभावन

फूलों ने खिलना छोड़ दिया
भौरों ने भी मुंह मोड़ लिया
भींगी पलकें यह पूछ रहीं
कब आओगे तुम मनभावन

खुशियों से झूमेंगे उपवन
चहकें तब फिर धरा-गगन
खिल जाएंगी मन की कलियां
जब आओगे तुम मनभावन

अमुआं की डाली पर कोयल
गायेंगी होकर मस्त मगन
बागों में झूले साजेंगे
जब आओगे तुम मनभावन

छनकेगी पायल पावों की
घुंघरू बोलेंगे छनन-छनन
बिहसेंगे मन के पोर-पोर
जब आओगे तुम मनभावन

घहरेंगे बादल घनन-घनन
बरसेगा पानी झम-झम-झम
शीतल होगा सबका तन-मन
जब आओगे तुम मनभावन

**

सजन कब आओगे

सजन कब आओगे इस पार
तुम बिन मेरा जीवन सूना
टूट गया सब सपन सलोना
तेरी याद में हुई दिवानी
नयन हुए रतनार
सजन कब आओगे इस पार

विरह व्यथा अब सही न जाये
तेरे बिन जियरा घबराये
दिन नहिं चैन रात नहिं निंदिया
सून लगे घर द्वार
सजन कब आओगे इस पार

कैसे भूल गए निर्मोही
घूम रहे बनकर विद्रोही
तरस गई दर्शन को अँखिया
जीवन लगे अन्हार
सजन कब आओगे इस पार

आ न सको गर मुझे बुलाओ
प्रेम गली की राह बताओ
जगमग कर जीवनपथ अपना
ओ मेरे करतार
सजन कब आओगे इस पार

**

है तुम्हारा प्यार रे मन

है तुम्हारा प्यार रे मन
सिन्धु सा विस्तार रे मन

खो गया कब का किनारा
प्रणय के आसन वसन में
तुम मिलन की रागिनी
मैं वीण की झंकार रे मन

है तुम्हारा प्यार रे मन
सिन्धु सा विस्तार रे मन

भावना के श्रांत वन में
खो गया मन का अंधेरा
पूर्णिमा की चांदनी सा
स्निग्ध शीतल धार रे मन

है तुम्हारा प्यार रे मन
सिन्धु सा विस्तार रे मन

मौन रहकर ढूंढ़ते हो
अग्निपथ का द्वार क्यों तुम
है बहुत मुश्किल छुपाना
प्यार का व्यापार रे मन

है तुम्हारा प्यार रे मन
सिन्धु सा विस्तार रे मन

**

रुनझुन-रुनझुन पायल की धुन

रुनझुन-रुनझुन पायल की धुन
झम-झम बरसे पानी
शीतल मस्त हवाओं में अब
बहके चूनर धानी

सांसों की गति तेज हुई है
सिहर उठा है हियरा
अंगराई लेते बादल लख
पुलकित है ये जियरा

फिर आँखों में उभड़ी कोई
कल की प्रेम कहानी
रुनझुन-रुनझुन पायल की धुन
झम-झम बरसे पानी

सनन-सनन पुरवायी ने दी
सपनों की परिभाषा
अगहन के खेतों में जैसे
गाँवों की अभिलाषा

कलियों के अधरों पर होगी
भौरों की मनमानी
रुनझुन-रुनझुन पायल की धुन
झम-झम बरसे पानी

सजल कंठ के गीतों ने जब
भेद जिया का खोला

बारिश की हल्की बूँदों से
विरहन का मन डोला

नर्म हवाओं में दिन गुजरा
आई शाम सुहानी
रुनझुन-रुनझुन पायल की धुन
झम-झम बरसे पानी

**

जाम पे जाम पिये जाते हो

जाम पे जाम पिये जाते हो
और इल्जाम दिये जाते हो
नील गगन में फैली आभा
तुम क्यों श्याम बने जाते हो

सुनहली उषा की किरण देखो छिटकी
क्यों अवसान बने जाते हो
प्राण तत्व पीकर तो देखो
क्यों निष्प्राण बने जाते हो

निकलो मन की गहन गुफा से
क्यों नादान बने जाते हो
जीवन है अनमोल खजाना
क्यों अंजान बने जाते हो

जाम पे जाम पिये जाते हो
और इल्जाम दिये जाते हो

**

मैं समझ पाती नहीं

मैं समझ पाती नहीं
तुम दूर हो या पास
कभी लगते दूर तुम
लगते कभी तुम पास
विरह के सूने शिशिर में
ज्यों मधुर मधुमास
तुम्हारी पाती सदृश
लगती मुझे हर सांस
मैं समझ पाती नहीं
तुम दूर हो या पास
तुम नयन के श्याम घन
तुम सरस सावन मास
मीत तुम स्वाती अगर
मैं चातकी की प्यास
मीत मेरे गीत तुम
मैं छंद लय अनुप्राश
मैं समझ पाती नहीं
तुम दूर हो या पास
मैं न मैं, तुम तुम नहीं
तुम वीण मैं झंकार
द्वैत में अद्वैत सा
लगता तुम्हारा प्यार
सिंधु के विस्तार तुम
मैं चटुल बीचि विलास
मैं समझ पाती नहीं
तुम दूर हो या पास

**

क्यों अकेले जा रहे हो

क्यों अकेले जा रहे हो
साथ मेरे चलके देखो

जब नहीं शिकवा-शिकायत
क्यों हुए तुम दूर मुझसे
चाहता हूँ तुमको कितना
पास आकर तुम तो देखो

जो कँटीली राह तेरे
पाँव में काँटे चुभोये
काट डालेंगे उसे हम
आजमा कर तुम तो देखो

है बड़ा जालिम जमाना
कब किसे रूसवा करेगा
हैं तुम्हारे साथ हर पल
दिल लगाकर तुम तो देखो

क्यों अकेले जा रहे हो
साथ मेरे चलके देखो

**

मुझको पागल बना दिया

जब-जब देखूँ मन दर्पण मैं
दर्पण में तुम ही तुम दिखते हो
तेरी असह जुदाई ने तो
मुझको पागल बना दिया

तेरा वह चंचल-चितवन
शर्मायी झुकी निगाहें
बलखाती काली जुल्फों ने
मुझको पागल बना दिया

चाँदी सी उजली रातों में
छुप-छुप कर छत पर मिलना
उस मधुर मिलन की यादों ने
मुझको पागल बना दिया

अब छोड़ो भी तरसाना
आ जाओ मेरे प्रियतम
दर्द भरी तनहाई ने
मुझको पागल बना दिया

**

ठंडी हवा का झोंका

ठंडी हवा का झोंका
आँचल उड़ा रहा है
कमवख्त ये नजारा
सबको लुभा रहा है

मौसम बहार का है
छेड़ो नया तराना
तेरा ये बाँक चितवन
जादू चला रहा है

झील सी ये आँखें
मदहोश कर रही हैं
मदमस्त तेरा यौवन
पागल बना रहा है

कातिल निगाह तेरी
बिखरे हुए ये गेसू
तेरा हसीन चितवन
जी को जला रहा है

**

झील में अब डोलती है

झील में अब डोलती हैं
चाँद की परछाइयाँ
खिल गया मन का कमल
मिट गई तनहाइयाँ

भूलने की बात अब हम
भूलकर भी ना करें
मिल गया मन को सुकूं
बज उठी शहनाइयां

है तेरा यह रूप यौवन
दे रहा सबको निमंत्रण
आ गले लग जायें हमसब
गम की न हो परछाइयाँ

मौन में भी हैं मुखर
आँख की ये पुतलियाँ
मिल गई सौगात में
मुफ्त की तनहाइयाँ

**

बसन्ती हवा के सिहकने से देखो

बसन्ती हवा के सिहकने से देखो
मुरझाई कलियाँ खिली हैं सखी री

कहाँ जा रही हो यूँ नजरें बचा के
बहारों की महफिल सजी है सखी री
भौरों के गुनगुन से मदहोश मन में
दिखे एक तेरा ही चेहरा सखी री

मन में मिलन के हैं सपने सँजोये
सिंदूरी उषा आ रही सखी री
चली ये निगोरी हवा देखो कैसी
उड़ा ले गई धानी चुनरी सखी री

शरम से मैं पानी हुई जा रही हूँ
जमाने का सुन-सुन के ताने सखी री
कभी मेरी उल्फत को रुसवा न करना
भरम में तुम्हारी ही जी लूँ सखी री

कहाँ जाऊँ किससे करूँ मैं शिकायत
कि मिलता नहीं कोई अपना सखी री
सरेआम मुझको तू आहत न करना
मिलन के सपन में ही जी लूँ सखी रे

**

जीवन पथ पर

जीवन पथ पर मुझे अकेला
छोड़ गये तुम क्यों साथी
वादा करके सात जनम का
क्यों मुँह मोड़ गये साथी

जब तुम थे तो मैं भी मैं थी
सुख दुख मिलकर सहते थे
जीवन के मधुमास को क्यों तुम
पतझड़ कर गए ओ साथी

जल बिन नदी, नदी बिन वारिधि
वैसे तुम बिन मैं साथी
पूनम की यह स्निग्ध चाँदनी
तपन बढ़ाये ओ साथी

भौतिक सुख की चाह नहीं थी
और ना कोई था सपना
साथ तुम्हारा रहे हमेशा
था बस यही सपन साथी

**

थम जरा वर्षा निगोरी

थम जरा वर्षा निगोरी
पी मिलन को जायेंगे
राह कितनी भी हो दुष्कर
हम नहीं रूक पायेंगे
जान भी देनी पड़े गर
हम नहीं घबरायेंगे
थम जरा वर्षा निगोरी
पी मिलन को जाएंगे
हैं सभी जलमग्न राहें
फिर भी कोई गम नहीं
दिव्य मन की चाहतों को
साथ लेकर जायेंगे
थम जरा वर्षा निगोरी
पी मिलन को जायेंगे
बादलों की गर्जना से
भी नहीं रूक पायेंगे
निज लक्ष्य का संकल्प लेकर
आगे ही बढ़ते जायेंगे
थम जरा वर्षा निगोरी
पी मिलन को जायेंगे
राह के काँटे हटाकर
पा लिया निज लक्ष्य को
मिट गई सारी थकन
हम गीत मिलकर गाएंगे
थम जरा वर्षा निगोरी
पी मिलन को जायेंगे

**

मधुर मिलन का वादा करके

मधुर मिलन का वादा करके
हाथ छुड़ा क्यों चले गए

संघर्षों में कटी जिंदगी
हरदम आपा-धापी में
आया था जब वक्त साथ का
स्वप्न दिखाकर चले गए

सोचा था हमदोनों मिलकर
जग में खुशियाँ बांटेंगे
बीच राह में तुम तो मेरी
आँख बचाकर चले गए

तुम से ही शोभित रहती थी
हरी-भरी बगिया मेरी
और अचानक इस बगिया से
गंध चुराकर चले गए

तुम्हें पता था हमने मिलकर
देखे थे कितने सपने
छोड़ अधूरे सारे सपने
नेह भुलाकर चले गए

मधुर मिलन का वादा करके
हाथ छुड़ा क्यों चले गए

**

मैंने हृदय के कोर से

मैंने हृदय के कोर से
पाती लिखी तेरे नाम की
क्या यही अंजाम मेरी
भावना निष्काम की

प्यार की मूरत बने तुम
घूमते बेखौफ हो
बन गई हूं मैं दिवानी
सिर्फ तेरे नाम की

नित उषा की लालिमा
ढूंढ़े क्षितिज के पार से
आम्र कुंजों में ये कोयल
गा रही बे दाम ही

ओ मेरे भोले सजन
तुम जा छिपे किस देश में
बिन तेरे ये जिन्दगी
है मेरे किस काम की

**

देश भक्त

मातृभूमि के जो हैं रक्षक
करते सीमा की रखवाली
ऐसे वीर सपूतों से ही
बना है भारत गौरवशाली

निज दुख को हैं कम आंकते
परदुख का करते संहार
मित भाषी और मितव्ययी हैं
विश्व प्रेम जीवन आधार

कठिन घड़ी में लेकर चलते
जो निज साहस का सम्बल
कैसे हो उत्थान देश का
यही सोचते हैं प्रतिपल

**

मुझको लागी लगन

मुझको लागी लगन थी तेरे नाम की
तुमने खुशियों से दामन मेरा भर दिया
जो भी काँटे बिछे थे मेरी राह में
तुमने चुन-चुन के सबको किनारा किया

जाम खुशियों का पीके थे मतबाले सब
नाम तेरा जुबां से सदा ही लिया
जिन्दगी में जो छाया अंधेरा कभी
रौशनी प्यार का तूने बरसा दिया

जबकि जश्ने बहारा रबानी पे था
हुस्ना ने पीके तमाशा किया
मय के प्याले छलकते रहे रातभर
जान पर आ बनी किसने साजिश किया

वो रोती रही थी यूँ ही रात भर
पर किसीने न उसको दिलाशा दिया
खोखले प्यार का दम्भ भरते रहे
पर सच्चाई से सबने किनारा किया

**

जननायक

भावों की गंगा–यमुना में
जो नित अवगाहन करते हैं
करते हैं सबसे मुक्त मिलन
उनको जननायक कहते हैं

करती है दुनिया जिन्हें नमन
मिलते हैं जब नयनों से नयन
तब खिल जाते हैं उनके अयन
उनको जननायक कहते हैं

सबके सुख की है जिन्हें चाह
सबके दुख में भरते जो आह
पूरी करते हैं सबकी आस
उनको जननायक कहते हैं

सागर समान हैं जो विशाल
रखते हैं जो सबका खयाल
लेकर चलते सच की मशाल
उनको जननायक कहते हैं

**

राष्ट्रपिता गाँधी

दो अक्टूबर पुण्य दिवस पर
गाँधी ने अवतार लिया
उनके सतकर्मों के कारण
जग ने उनको प्यार दिया

जात-पात औ ऊँच-नीच का
सबके मन से भेद मिटाकर
सत्य, अहिंसा, सदाचार का
सुन्दर शुभग विचार दिया

नीति न्याय करुणा सेवा का
जन-जन को है ज्ञान दिया
जीवन में इसको अपनाकर
जीने का अधिकार दिया

सत्य अहिंसा न्याय के बल पर
भारत को आजाद किया
काट गुलामी की बेड़ी को
आजादी उपहार दिया

**

रामधारी सिंह दिनकर

रवि समान दीपित मुखमंडल
रतनारी अमिय भरी आँखें
रक्ताभ होठ अरुणाभ नयन
देख ठहर जाती पलकें

अमिय लुटाती रसवंती
रेणुका मन में उल्लास लिए
उर्वशी का चंचल चितवन
है मन में कितने भेद लिए

और रश्मिरथी तो पौरुष का
हुंकार लिए गर्जन करता
जयद्रथ वध की करुणा का
चीत्कार लिए वर्जन करता

थे राम बसे जिनके हिय में
वह सत्य न्याय का पालक था
था जाति–पाति का संहारक
और मानव का उद्धारक था

ऐसे अमर पुरुष का हम
रोज मनाएँ जन्म दिवस
अपनी रचना से हर युग में
बना रहेगा उत्प्रेरक

**

कर्मयोगी (अशर्फी झा)

निर्भय चला कर्म पथ पर वह
साथ नहीं कोई अपना
निर्माणों की झरी लगाने
पाया था जीवन अपना

बचपन में ही छूट गया था
बाबूजी का लार-दुलार
दादी माँ की गोद बनी तब
उसके बचपन का पलना

उनके ही संरक्षण में रह
कर्म की पोथी पढ़ पाया
जाड़ा गर्मी बरसातों का
ध्यान नहीं उसको आया

बढ़ते जाना जीवन पथ पर
चरैवेति को अपनाया
दादी माँ का साथ भी छूटा
उसने अनहद दुख पाया

नेक इरादे का था पक्का
धैर्य नहीं उसने खोया
रोग-शोक को दूर भगाकर
योग क्षेम को अपनाया

सत्य धर्म के पथ पर चलकर
कठिनाई को दूर भगाया

आत्म शक्ति के बूते पर ही
कठिन राह आसान बनाया
खूब लगन से पढ़-लिखकर
मंजिल अपनी वह छू पाया
अपने सुख को छोड़ सदा
पर दुख मोचक बन पाया
किया नहीं विश्राम कभी भी
कर्मवीर वह कहलाया
इस चोले से फुर्सत लेली
तनिक नहीं वह घबराया
की सेवा उसने दुखियों की
स्वयं न सेवा ले पाया
छोड़ गया भौतिक काया को
पर मन से विलग न हो पाया

**

अमर रहे राजेन्द्र हमारा

हिन्द देश का दिव्य सितारा
अमर रहे राजेन्द्र हमारा
उसकी प्रतिभा का आलोक
हरता रहे हमारा शोक

जीवन का अनुपम आदर्श
हमें चेतना दे प्रतिवर्ष
गाए उनके गौरव गीत
बने रहे हम सदा अभीत

महादेव की निर्मल गंगा
बही हिन्द में विमल तरंगा
प्रतिभा थी अत्यंत प्रखर
छात्रों में वे हुए प्रवर

जन–जन से वे न्यारे थे
और स्वभाव से प्यारे थे
त्याग–तपस्या के प्रतिमान
भारत माँ के लाल महान

सरोजिनी ने ठीक कहा था
दुर्लभ प्रतिभा झांक लिया था
था उनका जैसा व्यक्तित्व
वैसा ही इनका कर्तृत्त्व

दुर्लभ ज्ञान स्वभाव मधुर
सादा जीवन चरित्र सुधर

नेताओं के अतिशय प्रिय
वाणी में था घुला अमिय

इनकी कार्य कुशलता ने
गाँधी को आश्वस्त किया
चंपारण के सत्याग्रह में
गाँधीजी का साथ दिया

छोड़ वकालत आंदोलन में
जीवन अपना वार दिया
कई बार आया संकट
बड़े धैर्य से दूर किया

भारत के वीर सपूतों में
राजेन्द्र सबसे न्यारे थे
बारंबार है उन्हें प्रणाम
अमर रहे यह कीर्ति ललाम
शतवार उन्हें सबका प्रणाम

**

कवि का भ्रम

कवि महोदय खड़े मंच पर
सुना रहे थे कविता
हुए निढ़ाल हँस-हँस कर श्रोता
लघुता में ही प्रभुता

देखा कवि ने सबको हँसते
गर्व से फूली उनकी छाती
लगे सोचने उसी समय वे
कितनी सरस है मेरी कविता

खुशफहमी काफूर हो गई
जब गए बाँचकर कविता
हँसी का कारण स्वयं वही थे
न कि उनकी कविता

पहने थे पाजामा उल्टा
हँसी उन्हें भी आई
हुए शर्म से पानी-पानी
हवा हो गई कविता

**

जीवन प्रत्यय एवं सृजन क्षितिज

नाम	: ***डॉ0 मृदुला झा***
जन्म–तिथि	: 05 दिसम्बर 1946
जन्म स्थान	: वनद्वार, बेगूसराय, बिहार।
शिक्षा	: बी0 एस0 सी0 डिप–इन–एड, एम0 ए0 द्वय0,(गाँधी विचार, समाजशास्त्र)
मानद् उपाधि	: विद्यावाचस्पति, विद्यासागर, साहित्य सागर विमल साहित्य सम्राट एवं शब्द रत्न
कृतकार्य	: सेवानिवृत प्राचार्या, बिहार शिक्षा सेवा
साहित्यिक यात्रा	: उजबेकिस्तान, वियतनाम, कम्बोडिया, थाइलैण्ड, मॉरिशस, श्रीलंका, नीदरलैंड (हालैंड), बेल्जीयम, फ्रांस, जर्मनी, स्वीटजरलैंड
प्रकाशित पुस्तकें	:(1) मेधा तुम उनसे जाकर कहना (काव्य संग्रह–2003). (2) प्रतीक्षा (काव्य संग्रह–2006) (3) बुधुआ का सपना (कहानी संग्रह–2008). (4) हथेली पर कविता (काव्य संग्रह–2008). (5) झुमकी की उड़ान (कहानी संग्रह–2010). (6) त्रिभंगिमा (काव्य 2010) (7) अनुभूतियों के इन्द्रधनुष (यात्रा–प्रसंग 2011) (8) विपथगा उपन्यास 2013 (9) इक्कीस कहानियाँ (कहानी संग्रह 2014) (10) सतरंगी यादों का कारवाँ (गजल संग्रह 2015) (11) 21वीं सदी में साहित्य, संस्कृति एवं समाज (2015)
संकलन	: आखिरी सच, समकालीन स्त्री गल्प (काहनी संग्रह) गजल के कुशल चितेरे– भाग 2 (गजल संग्रह)
सम्पादित	: कौशकी स्मारिका विद्यापति स्मृति पर्व 2006, अशर्फी झा स्मृति सम्मान 2012, 2013
सम्प्रति	: आकाशवाणी (भागलपुर, दिल्ली) एवं दूरदर्शन (पटना)।
शिखर संरक्षक	: कौशकी (त्रैमासिक पत्रिका), गणतंत्र की अनुभूति, स्वाधीनता संदेश (वार्षिक पत्रिका)।
संरक्षक	: पत्रिका शब्द कारखाना, समय सुरभि अनंत।
संस्थापक संरक्षक	: सृजन साहित्य मुंगेर।
संस्था	: अखिल भारतीय वनवासी महिला कल्याण समिति, बिहार।

अलंकरण / सम्मान / पुरस्कारः

1. उत्कृष्ट गीत प्रस्तुति के लिए स्वर्ण सम्मान- (खगड़िया 2006)।
2. सुभद्रा कुमारी चौहान (खगड़िया 2006)।
3. महाकवि "हरिऔध" राष्ट्रीय शिखर सम्मान (समस्तीपुर 2008)।
4. कवि सम्राट सम्मान (उदयपुर–2008)।
5. महादेवी वर्मा सम्मान, (समस्तीपुर 2009)।
6. हिन्दी सेवी सम्मान (झाँसी–2009)
7. बिहार गौरव (बिहार सरकार 2011)।
8. सृजन श्री (ताशकंद 2012)।
9. भारत गौरव (उज्जैन 2013)।
10. प्रमोद वर्मा सम्मान (कम्बोडिया 2013)।
11. काव्य श्री एवं शब्द साधक सम्मान (मॉरिशस–2013)।
12. 08वां पद्म श्री मुकुटधर पाण्डेय सम्मान (कैंडी–2013)
13. मलिक मुहम्मद जायसी सम्मान (समस्तीपुर–2013)।
14. साहित्य गौरव (बेल्लारी कर्नाटक–2013)।
15. कमलारत्न साहित्य सुरभि राष्ट्रीय शिखर सम्मान (देवघर, झारखंड–2014)।
16. दिनकर जनपदीय सम्मान (बेगूसराय–2014)।
17. भारतीय भाषा रत्न उपाधि (उज्जैन–2014)।
18. आधारशिला विश्व हिन्दी मिशन एवं हिन्दी यूनीवर्स फाउन्डेशन नीदरलैंड "आधारशिला हिन्दी गौरव सम्मान" (हॉलैंड–2014)।
19. विशिष्ट राष्ट्र चिंतक सम्मान (पटना–2015)
20. शब्द प्रवाह साहित्य मंच उज्जैन द्वारा सतरंगी यादों का कारवाँ के लिए प्रथम पुरस्कार शब्द रत्न
21. फनिश्वरनाथ रेणु रजत सम्मान
22. साहित्य शिरोमणि

सम्पर्क

डॉ0 मृदुला झा,

बेलन बाजार, मुंगेर, बिहार, 811201

फोन न0 – 06344–2222244.

ई–मेल – **mridulajhamunger@gmail.com**

मो0 न0 – 9430589856.